苏格拉底的申辩

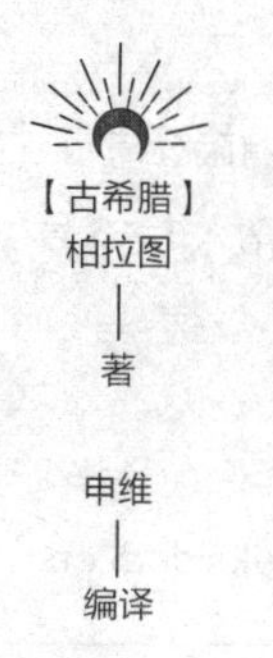

【古希腊】
柏拉图
——
著

申维
——
编译

科学普及出版社
·北 京·

图书在版编目（CIP）数据

苏格拉底的申辩 /（古希腊）柏拉图著；申维编译 . 北京：科学普及出版社，2025. 1. -- ISBN 978-7-110-10901-4

Ⅰ. B502.231

中国国家版本馆 CIP 数据核字第 2024LR0338 号

特约策划 王晶波
责任编辑 安莎莎
装帧设计 创巢视觉
责任印制 李晓霖

出　　版 科学普及出版社
发　　行 中国科学技术出版社有限公司
地　　址 北京市海淀区中关村南大街 16 号
邮　　编 100081
发行电话 010-62173865
传　　真 010-62173081
网　　址 http://www.cspbooks.com.cn

开　　本 880mm×1230mm 1/32
字　　数 57 千字
印　　张 5
版　　次 2025 年 1 月第 1 版
印　　次 2025 年 1 月第 1 次印刷
印　　刷 德富泰（唐山）印务有限公司
书　　号 ISBN 978-7-110-10901-4 / B·94
定　　价 48.00 元

序

《苏格拉底的申辩》是人类求知的宣言，也是我们了解西方哲学必读的篇章。

哲学从苏格拉底开始，才真正开始认识自我——“我是谁？”“我从哪里来？”“我将到哪里去？”在苏格拉底之前，古希腊哲学家们主要探究外部世界，被称为“自然哲学家”。而苏格拉底开始转向研究人生问题、研究善恶问题，这就是西方哲学中著名的“苏格拉底转向”。

今天，我们从苏格拉底的学生柏拉图所写的《申辩篇》中，得以了解公元前399年在雅典法庭上发生的那场惊心动魄的对后世影响深远的辩论。柏拉图在这篇文章中详细地记述了70岁高龄的苏格拉底受到雅典公民的指控，以及他在法庭上的申辩词。苏格拉底说出了那句著名的话：“未经审视的人生，是不值得度过的。”

“苏格拉底之死”早已成为哲学上的一种思想符号。他被判有罪并被要求饮下毒药汁。他的死被后世哲学家视为殉道者式的死亡，并和耶稣之死同列。“苏格拉底之死”是以一种悲壮的方式，维护哲学的尊严，表明人类探求真理的勇气。苏格拉底把道德和正义摆在生命之上。

我们拿苏格拉底与同时期的东方圣贤相比较。屈原同样也对这个世界产生怀疑和追问，写下《天问》和《离骚》。《天问》是对自然世界的思考和疑问，而《离骚》是诗人与这个社会的紧张关系所引发的忧愁。因此，他遭到流放，最终选择投汨罗江自尽。他不愿与世俗同流合污而求得自洁。老子留下5000余言的《道德经》，骑青牛西出函谷关，“而不知其所终”。东方圣人选择了逃避和放逐。对这个世界，他们“不与之争，不与之辩”。而苏格拉底选择了申辩，而且他选择了在雅典法庭上，面对500名陪审员。他的坦然赴死是申辩的一种延续。他在法庭上以著名的“苏格拉底式反诘法”，回击对他的指控，让所有的罪名变成无稽之谈。

我们将《申辩篇》中苏格拉底的思想核心归纳为四个方面。一是“无知之知”，人只有意识到自己的无知才是真正的智慧。这种“无知之知”才是人类几千年来探索未知世界，追求真理，求知的动力。二是强调正义和道德的重要性，表现出他对道德原则的坚定信念。对正义和道德的坚守，构成精英文化的核心，区别于贪图利益、金钱至上。三是苏格拉底对待死亡的态度。他明确表示自己并不惧怕死亡，“因为死亡要么是一种彻底的无知觉的状态，要么是一种灵魂的转移。死亡本身并不是最可怕的事情，真正可怕的是背离道德和正义的生活”。四是苏格拉底与雅典城邦的关系。这也是人类先知、觉悟者与社会权贵阶层和一般大众之间的紧张关系。他将自己比喻为“牛虻”，意在唤醒雅典这匹“沉睡的马”。在此他讲明了哲学家的职责就是通过不断的质疑与反思，推动人类社会的进步，而不是盲目遵从社会规范。

《苏格底拉的申辩》对人类社会产生了重大影响，成为哲学经典。在文艺复兴时期，苏格拉底和他的学生柏拉图、亚里士多德成为西方思想史上的中心人物。在法国启蒙运动中，苏格拉底被认为是理性、个人自由和道德自主性的象征，被视为启蒙理性的先驱。伏尔泰、卢梭等思想家高度赞扬了苏格拉底的批判精神。

在现代哲学中，苏格拉底对死亡的无畏态度引起了存在主义哲学家的关注。克尔恺郭尔把苏格拉底比作一个“破折号”，认为他的思想为理解哲学打开了一条新的通道。存在主义哲学关注个体存在、自由意志和人生意义，与苏格拉底的思想观点共鸣。

当代的哲学家和学者对《苏格拉底的申辩》的解读更加多元化，特别是在文化多元化的背景下，苏格拉底的形象和思想得到了更广泛的传播。汉娜·阿伦特认为：“苏格拉底的死提醒我们，民主社会需要容忍不同的声音，并允许哲学家和批评家存在。”福柯认为：“苏格拉底的辩护不仅是对个人自由的捍卫，更是对话语权力体系的挑战，揭示了雅典社会中知识与权威的紧张关系。”

我们本次向读者推出柏拉图的《苏格拉底的申

辩》的全新版本，意在培养读者的独立思考能力，学习古代圣贤追求真理的精神和对道德底线的坚守。中国正处在百年未有之大变局中，世界处于一个动荡发展的格局中，我们必须抓住机遇，赢得发展，提高全民素质，使我们的国家和民族实现历史性的腾飞。

申维

2024 年 10 月 12 日

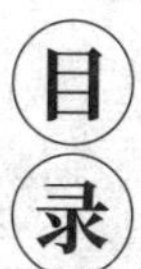

引言 / 001

苏格拉底的审判背景 / 003

《苏格拉底的申辩》的文本特质 / 008

苏格拉底的辩护策略 / 013

《苏格拉底的申辩》中的核心思想 / 018

苏格拉底与雅典社会的冲突 / 023

历史与哲学解读中的《苏格拉底的申辩》 / 030

申辩篇 / 037

开篇 / 039

陈述 / 043

驳斥旧控诉者 / 046

驳斥莫勒图斯的指控 / 060

题外话：苏格拉底在雅典的使命 / 072

结束陈述 / 090

反罚提议 / 095

结语 / 102

克里托篇 / 113

题解 / 115

克里托劝苏格拉底逃亡 / 118

苏格拉底对克里托的回应 / 127

苏格拉底对克里托的两个前提讨论 / 135

苏格拉底与雅典法律的对话 / 139

引言

苏格拉底的审判背景

苏格拉底的审判发生在公元前 399 年，这是古希腊历史上一件极具象征意义的事件。它不仅标志着一位伟大哲学家的陨落，更折射出当时雅典社会的政治动荡和思想冲突。彼时，雅典正处于伯罗奔尼撒战争（公元前 431—公元前 404 年）失败后的阴影之中，社会正经历从民主制向更保守的政治氛围的转变。在这场背景复杂的审判中，苏格拉底成了雅典城邦内在矛盾的牺牲品。

首先，战争的失败导致了雅典社会的深刻危机。伯罗奔尼撒战争的结束使雅典失去了在古希腊世界的霸主地位，城邦内人们的自信心被严重打击，政治上发生了剧烈动荡。在战争后期和战败后，雅典经历了奥利格专政（寡头统治）和“血腥三十人集团”的暴政。这些事件使得雅典公民对政治体制和社会稳定产生了强烈的不安和焦虑。在这样的背景下，民主的失败让很多人对自由言论和思想产生了疑虑，甚至开始指责像苏格拉底这样的思想家，认为他们的哲学质疑可能是社会不稳定的根源之一。

苏格拉底的审判表面上涉及宗教和道德指控，实际上则蕴含了更多的社会和政治动机。不敬神的指控源于苏格拉底观点与雅典传统宗教观念的矛盾。他并不完全接受雅典城邦的多神教信仰，而是宣扬一种更为个人化的神灵概念，他常提到的“达摩斯”（守护神）被他形容为一种内在的声音或良知，指引他做出道德判断。这种个人化的宗教观被视为对城邦宗教制度的挑战，而在战后保守的宗教环境中，苏格拉底的态度显得格外离经叛道，容易被视为破坏社会凝聚力的危险人物。

对“腐化青年”的指控则与苏格拉底的教育方法密切相关。苏格拉底以“苏格拉底式反诘法”闻名，他通过不断提问和质疑的方式让学生自我反思，认识到自己的无知。雅典的许多年轻人，尤其是富裕家庭的子弟，受到苏格拉底的指引，并逐渐开始质疑传统的政治与道德观念。这种教育方式引发了保守派的不满，特别是那些老一辈的雅典公民，他们认为苏格拉底教导的青年人不再尊重传统价值观和城邦秩序，甚至有可能对民主制度产生负面影响。苏格拉底的学生中，有一些人在政治舞台上扮演了不光彩的角色，如阿尔西比亚德斯背叛雅典，克里提亚斯成为“三十年暴政”的领袖之一。这些事件加深了人们对苏格拉底的怀疑，认为他腐化了青年并对雅典当时所处的困境负有一定责任。

然而，这两项指控并不仅仅是法律和道德问题的反映。实际上，它们隐藏着雅典社会对苏格拉底质疑精神的深层次恐惧。苏格拉底的哲学方法以揭示人的无知为核心，他通过与政客、诗人、工匠等人的对话，揭示他们对自己专业领域或社会道德的自信是多么肤浅和无知。他的这种质疑方式在当时的雅典民主社会中颇具颠覆性，因为它挑战了那些自认为拥有知识和权威的人，并削弱了公众对城邦领导者和社会制度的信任。正是这种质疑精神使苏格拉底成为雅典保守派的眼中钉，他不仅仅是一个不敬神或腐化青年的哲学家，更是对雅典传统和秩序的潜在威胁。

苏格拉底的审判还与雅典的政治形势密切相关。随着民主的恢复，雅典社会逐渐回归保守，新的政权试图稳定局势，而苏格拉底这样的自由思想者则成了他们打击的对象。从某种程度上说，这场审判不仅是对个人哲学思想的审判，也是雅典社会在政治变迁中的一次思想清算。雅典需要通过这种方式重新确立城邦的传统价值观，并将动荡归咎于那些挑战传统的人。

最终，苏格拉底被判有罪并被要求饮下毒药汁，这一决定不仅标志着雅典对他个人的审判，也象征着对自由质疑精神的打压。苏格拉底之死被许多后世哲学家视为殉道者式的死亡，他为追求真理和正义而不屈不挠的精神，使他成为哲学史上不朽的象征。而他的审判也揭示了当时社会中知识与权威、个人与国家、传统与质疑之间的张力。这场审判及其背后的复杂动机成为西方思想史上反思政治与道德、自由与责任的经典案例。

《苏格拉底的申辩》的文本特质

《苏格拉底的申辩》作为柏拉图早期“对话录”之一，具有独特的文本特质。它不仅是一份法庭辩护的记录，更是一篇具有深刻哲学思想和文学价值的作品。柏拉图在这篇对话中，既力求还原苏格拉底的辩护词，又通过文字展现出苏格拉底思想的核心——对真理的执着追求、对社会规范的深刻质疑以及对生命与死亡的无畏态度。

首先，文本的形式体现了柏拉图的精巧安排。与其他“对话录”不同，《苏格拉底的申辩》主要由苏格拉底的长篇独白构成，少有其他人物插话或反驳，这赋予了它强烈的演讲色彩。这与当时的法庭辩护形式相符。苏格拉底在面对指控时，通过一连串的逻辑推理和哲学论证，直接与陪审员对话，不仅试图为自己辩护，更为哲学的正当性辩护。柏拉图在记录时采用了较为简洁的语言风格，这使得苏格拉底的思想得以清晰呈现，体现了他一贯的质朴与坦诚。

《苏格拉底的申辩》中的叙述手法也颇具文学性。苏格拉底的辩护并非仅仅为了脱罪，而是通过一系列机智的反问和反诘，揭露出他人对自己无知的误解。苏格拉底巧妙地将法庭审判转化为一次哲学辩论，他不是一味地迎合陪审员以博取同情，而是站在更高的道德和哲学立场上，挑战陪审员的判断力。例如，他指出那些对他提出指控的人，并非真正了解他的思想，而是被长期以来的偏见和误导驱使。他通过揭示自己的“无知之知”（即意识到自己无知，进而追求真正的智慧），强调智慧源自自我反省与探讨，这也构成了他哲学思想的核心。

在这篇对话中，柏拉图还通过苏格拉底的自我辩护展现了他独特的道德观。苏格拉底拒绝用狡辩或乞求、怜悯的方式为自己脱罪，显示了他对正义和道德原则的坚守。他明确指出，与其为了迎合陪审团或民众而放弃自己的哲学使命，他宁愿选择面对死亡。在他看来，生命的真正价值在于对正义与真理的追求，而非仅仅活着。因此，他在法庭上甚至调侃，如果他为了避免被判死刑而停止追求真理，那就等于背叛了自己一生的信念。他的这种从容态度，使得《苏格拉底的申辩》成为对哲学家“追求善”这一使命的象征性辩护。

柏拉图在《苏格拉底的申辩》中通过行文语言和结构，展现了苏格拉底的辩护逻辑和人格特质。苏格拉底不仅仅是一个被控告的自我辩护者，更是一个面对社会不公与偏见时的思想挑战者。他在法庭上表现出的坦率、从容与智慧，塑造了一个不屈服于任何压力的哲学家形象。文本通过不断的反问与推理，向读者展示了苏格拉底是如何揭示雅典社会对智慧和正义的误解的。

此外，柏拉图通过苏格拉底的申辩也探讨了关于个人与国家、法律与道德的复杂关系。苏格拉底在辩护时多次强调，自己虽然质疑现有的社会制度，但始终忠诚于雅典城邦。这一点在他选择接受审判并最终从容赴死时得到了体现。他并没有选择逃离或反抗法律，而是认为每个公民都有义务遵守国家的法律，即便这些法律可能存在不公。苏格拉底在此表达了对国家与公民关系的深刻理解，他认为公民有义务遵守法律，但哲学家同样有责任质疑不公的社会制度。这种张力贯穿《苏格拉底的申辩》，成为哲学家与政治之间不可回避的难题。

最后，《苏格拉底的申辩》的语言风格也值得关注。柏拉图通过简洁有力的语言，充分展现了苏格拉底的逻辑力量和辩论技巧。没有冗长的词句，也没有华丽的辞藻，只用清晰的结构和直截了当的表达进行辩论，这使得苏格拉底的辩论显得极其有说服力。柏拉图选择这种语言风格，是为了让读者将关注点集中于苏格拉底思想本身，而不被文字的装饰干扰。

总之，《苏格拉底的申辩》作为一篇哲学文本，兼具文学和思想的双重特质。它不仅通过苏格拉底的自我辩护展现了他的哲学理念，还通过其独特的结构与语言风格，向读者传递了思想与语言的力量。

柏拉图成功地塑造了一个超越时代的哲学家形象，使《苏格拉底的申辩》成为西方思想史中不可或缺的经典作品。

苏格拉底的辩护策略

在《苏格拉底的申辩》中，苏格拉底面临着两个主要指控：不敬重神明和腐化青年。他巧妙地利用辩护，将这些指控转变为对整个雅典社会道德与哲学态度的反思。苏格拉底辩护的目的不仅仅是在法庭上为自己争取无罪，而是通过辩论展示他的哲学立场，强调智慧和正义的本质。

首先，面对“不敬重神明”的指控，苏格拉底选择了一种反诘的方式进行辩护。这种策略反映了他一贯的“苏格拉底式反诘法”，即通过不断提问，揭示对方观点中的矛盾与无知。梅勒图等控诉者声称苏格拉底不信奉雅典的诸神，而是宣扬自己的神灵（即他的“达摩斯”）。对此，苏格拉底用逻辑反驳，指出如果他信奉某种神灵或超自然力量，那么他怎么可能是不敬重神明的？他进一步质疑，指控者对“神灵”和“神”的定义模糊，无法准确指出他究竟何时冒犯了雅典的宗教传统。通过这一反问式的辩护，苏格拉底试图让陪审员意识到指控背后的荒谬性。

其次，面对“腐化青年”的指控，苏格拉底的辩护策略则更加复杂且富有哲理色彩。控方认为苏格拉底通过他的对话与教学，鼓励青年质疑权威和传统，进而破坏了他们的道德规范。苏格拉底在辩护时，首先要求控诉者证明他的教育确实对青年产生了负面影响，并用一系列反问来揭示对方的逻辑漏洞。他强调，所有的对话都是通过理性探讨引导青年人思考，而不是灌输某种特定的教义。如果通过思考导致他们质疑社会中的某些不合理之处，那么问题不在于哲学探讨本身，而在于社会的缺陷。

更为重要的是，苏格拉底指出，自己并未主动去教育青年人，而是他们自己被吸引来的。因此，他将“腐化青年”的责任推回给了社会，认为雅典城邦中真正误导青年的是那些自诩是某方面权威却并非如此的人。苏格拉底在此暗示，那些伪装成智者的人——诗人、政治家、工匠等，才是真正“败坏”社会的人。他通过与这些人进行对话、反驳他们，从而揭露其虚伪和无知，这才引起了对方的不满。

苏格拉底的辩护策略还体现了他对哲学使命的坚守。他并不刻意为自己争取免罪，而是试图将法庭辩护转化为一次对哲学家使命的宣言。他在法庭上公开表示，自己宁愿选择死亡，也不愿放弃哲学探讨或改变自己的生活方式。他用“牛虻”来自比，说明他的任务是不断“刺痛”沉睡中的雅典社会，迫使人们反思他们的生活、信仰和道德选择。他明确地指出：“假如你们杀了我，你们将失去一个对城邦有益的刺激者。”这一策略不仅表现出苏格拉底对自己哲学职责的坚定信念，也让陪审团和观众意识到苏格拉底所捍卫的并不是自己的生命，而是思想的自由和城邦的灵魂。

在整个辩护过程中，苏格拉底反复强调自己并不以个人利益为目的，而是为了更大的正义和真理。

他嘲笑那些在法庭上为逃避惩罚而采用煽情言辞，博取同情的被告，认为这种行为是不光彩的。他选择不让亲人或朋友上法庭为他做证，因为这与他对哲学的信念不符。他明确表示，自己从来没有以追求财富、名声或权力为目的，而是为了遵从“神”的旨意去探讨真理。他不愿用妥协来换取生存，正是因为他相信死亡并不可怕，可怕的是背离正义和哲学使命。

在最后阶段，当陪审团判他死刑后，苏格拉底依然保持着从容的态度。他有机会提出减刑的建议，但他选择了让陪审团判定最严厉的惩罚。他甚至反讽地提议自己应当得到奖励，因他为城邦做出了极大的贡献。通过这种反讽和坚定的态度，苏格拉底不仅在道义上占据了上风，也揭示了雅典司法制度的局限性。

总结来看，苏格拉底的辩护策略展示了他在面对不公正指控时的哲学智慧与道德勇气。他通过逻辑严密的反驳揭示了指控的虚伪，同时借助法庭为哲学家对社会的责任进行了辩护。他从始至终保持着对真理的忠诚，并以此为荣，最终选择接受死亡而不违背自己的信念。这一策略不仅使苏格拉底在审判中获得了道德上的胜利，也使他成为西方思想史上自由和理性精神的象征。

《苏格拉底的申辩》中的核心思想

在《苏格拉底的申辩》中，苏格拉底不仅为自己的行为进行辩护，还通过辩护展示了几个核心的哲学思想。这些思想不仅在他的辩护中发挥了重要作用，也为西方哲学奠定了基础。以下是《苏格拉底的申辩》中几个重要的哲学主题。

1.“无知之知”

“无知之知”是苏格拉底哲学的核心思想之一，即意识到自己的无知才是真正的智慧。在申辩中，苏格拉底讲述了他通过神谕得知自己是“最有智慧的人”，然而他对此产生了疑问，开始探寻这一结论的真相。他与社会中被认为最聪明的人——政治家、诗人、工匠等——进行了一系列对话，结果发现他们自认为知道一切，其实他们虽然在各自所在领域有一定的知识，但对最根本的问题却一无所知。相反，苏格拉底认为，承认自己的无知正是探求真正智慧的起点。

在审判过程中，苏格拉底运用了这一思想来反驳指控者。他认为自己从未宣称知道什么终极的真理，而只是通过对话的方式帮助他人认识自己的无知。这种对话方式不仅是他的哲学方法，也是他履行神谕的方式。他承认自己不具备绝对的知识，但正因如此，他才不断质疑与追求真理。这种“无知之知”不仅是一种谦卑的智慧观，还体现了苏格拉底对思辨精神的坚持，即通过不断的自我反思来追求真理。

2. 正义与道德

苏格拉底在辩护中多次强调正义和道德的重要性，表现出他对道德原则的坚定信念。他明确表示，自己的一生是为了追求正义和真理，而非屈从于社会或政治压力。他在辩护中指出，尽管他经常质疑城邦的法律和政治制度，但他从未蓄意违背正义的原则。他始终认为，真正的正义不是依赖于多数人的意见，而是来自对道德真理的追求。

苏格拉底坚持认为，遵循道德法则比遵循人类制定的法律更为重要。他在法庭上举例说明，他在议会任职时，曾反对雅典政府的某些不公正的决定，即便冒着生命危险，也没有屈从于不正义的命令。这一观点在审判中凸显了苏格拉底对公民责任的理解，即每个公民不仅要遵守城邦的法律，还要通过哲学探讨和自我反省，追求更高层次的正义。

3. 死亡的无畏

苏格拉底对死亡的态度是《苏格拉底的申辩》中另一个重要的哲学主题。在法庭上，他明确表示自己并不惧怕死亡，因为死亡要么是一种彻底的无知觉的状态，要么是一种灵魂的转移。在他看来，死亡本身并不是最可怕的事情，真正可怕的是背离道德和正义的生活。苏格拉底对死亡的无畏态度表明，他认为生命的意义在于追求善与真理，而不是仅仅为了活着。

苏格拉底的这种态度来源于他对灵魂不朽的信念。他认为，如果死亡意味着灵魂的继续存在，那么他可以在另一个世界中继续与那些伟大的哲学家和智者对话，追求真理；而如果死亡意味着彻底的无知觉，那么也无须害怕，因为这类似于无梦的睡眠。因此，苏格拉底认为死亡不是一种惩罚，而是自然的一部分，哲学家应以从容的态度面对死亡。

4. 苏格拉底与城邦的关系

尽管苏格拉底在法庭上对雅典的宗教和政治传统提出了严厉的质疑，但他仍然强调自己对城邦的忠诚。在申辩中，苏格拉底反复表明，自己质疑和批评雅典社会，并非出于敌对或背叛，而是为了帮助雅典更好地发展。他将自己比作“牛虻”，意在唤醒雅典这匹“沉睡的马”。他认为哲学家的职责正是要通过不断的质疑与反思，推动社会进步，而不是盲目遵从现有的社会规范。

这一比喻表达了苏格拉底对公民身份的独特理

解。他不仅是雅典的公民，也是城邦的批判者，他的批判并不是破坏性的，而是建设性的。他希望通过哲学探讨，让人们意识到他们的无知与生活中的不公，进而促进社会的进步。因此，他没有选择逃避审判，也没有试图通过违反法律的方式逃亡，而是坚信自己作为哲学家和公民的职责。这一思想也反映了苏格拉底对法律与道德之间复杂关系的深刻理解。

《苏格拉底的申辩》中的核心思想展现了苏格拉底作为哲学家的坚守。他通过对“无知之知”的强调，揭示了智慧的本质在于对真理的永无止境的追求；通过对正义的坚持，表明道德生活的重要性；通过对死亡的无畏，传达了对灵魂不朽的信念；而他对雅典城邦的忠诚和批判关系，揭示了哲学家与社会的复杂联系。这些核心思想不仅贯穿于他的辩护，也成为西方哲学的奠基石，对后世哲学家如康德、尼采等产生了深远的影响。

苏格拉底与雅典社会的冲突

《苏格拉底的申辩》不仅展示了苏格拉底的个人哲学与审判过程，也反映了他与雅典社会在多个层面上的深刻冲突。这种冲突不仅仅是苏格拉底与他的控诉者之间的对立，更是苏格拉底作为哲学家与雅典社会主流价值观、政治秩序以及宗教信仰之间的根本分歧。

1. 哲学家的角色与雅典传统的冲突

苏格拉底与雅典社会的冲突首先源于他对知识和权威的质疑态度。作为一名哲学家，苏格拉底认为智慧并不属于社会上的权威人物或政治家，而是通过不断的自我反省和质疑获得的。雅典社会中的政治家、诗人和工匠往往自认为对世界有全面的了解，但苏格拉底通过与他们对话揭示了他们知识的局限性，并指出他们对真正的智慧一无所知。这种颠覆传统权威的行为引发了社会各阶层对苏格拉底的敌意，特别是那些长期依赖权力和社会地位维持自我形象的人。

雅典社会高度重视传统与传承，尤其是在教育和社会秩序方面。然而，苏格拉底的“苏格拉底式反诘法”鼓励青年人质疑父辈的教导和社会中的普遍观念。他对传统知识的质疑使得许多人认为他是在瓦解年轻人的思想基础，破坏社会的稳定。苏格拉底对“无知”的强调，与雅典社会中普遍的自信和传统智慧形成鲜明对比，这一冲突使得他成为社会上许多人的“眼中钉”。

2. 苏格拉底的反宗教观念与雅典宗教信仰的矛盾

苏格拉底与雅典社会的冲突还体现在他对宗教的独特理解上。雅典是一个多神教社会，城邦的政治和宗教密切相关。对雅典人来说，敬奉诸神不仅是个人的宗教行为，也是社会责任的一部分。然而，苏格拉底不认同这种普遍的宗教崇拜，他宣扬一种更为个人化的“神灵”概念，认为他受到一种内在的神圣声音的指引，即“达摩斯”（守护神）。他并不主动参与公共祭祀和对城邦神祇的崇拜，这使得他被控告为“不敬神明”。

这一宗教上的冲突不仅是对信仰形式的分歧，更深层次上是对权威的挑战。雅典的宗教仪式和传统与政治紧密相连，公民对神的敬奉被视为对城邦忠诚的象征。而苏格拉底的“达摩斯”是一个超越公共宗教的个体信仰，这种不从众的态度被认为是对社会共同体的威胁。在《苏格拉底的申辩》中，苏格拉底虽然为自己的信仰辩护，但他并没有完全遵循雅典社会的宗教信仰，这使得他与城邦主流宗教产生了无法调和的矛盾。

3. 苏格拉底与雅典民主的冲突

雅典是古代著名的民主制国家之一，公民拥有广泛的参与权。然而，苏格拉底对当时的民主制度持怀疑态度。他并不认为多数人的意见就代表正义与智慧。在他看来，民主制度中的陪审团或大众集会可能会做出错误的判断，因为大多数人并不具备足够的知识和理性来做出明智的决策。在《苏格拉底的申辩》中，苏格拉底多次质疑雅典司法制度的公正性，认为陪审员可能会因受到社会舆论的影响而做出不公正的判决。

苏格拉底的这些观念无疑与当时的雅典民主制格格不入。当时雅典民主的基本理念是公民的集体决策能力，而苏格拉底则认为少数有知识、有智慧的人应该承担更大的责任，来引导和教育大众。尽管苏格拉底并未直接反对当时的民主制度，但他对多数人智慧的怀疑与当时雅典的民主理念产生了冲突。这导致了雅典民众对苏格拉底的不信任，认为他是在贬低民主制度。

4. 教育青年及与社会形成的紧张关系

苏格拉底与雅典社会的冲突在很大程度上还源于他对青年人的影响。他的教育方式注重引导学生自我反思，质疑现有的道德规范和社会秩序。苏格拉底的这种教育方法使得一些年轻人开始挑战传统价值观和政治权威，特别是在雅典战败后的敏感时期，这种质疑被认为是破坏社会和谐的潜在威胁。

最具争议的是苏格拉底与阿尔西比亚德斯、克里提亚斯等弟子的关系。这些年轻人后来在政治舞台上扮演了反叛或暴政实施者的角色，尤其是克里提亚斯，他是雅典“三十年暴政”的领导者之一。这使得苏格拉底被许多人认为对这些政治人物的行为负有责任，甚至有人认为他通过教育误导了他们。虽然苏格拉底在《苏格拉底的申辩》中对这些指控进行了有力的辩护，指出每个人都应为自己的行为负责，但社会仍然将他与这些政治事件联系在一起。

5. 哲学家与公民社会的冲突

苏格拉底在法庭上不仅是在为自己辩护，更是在为哲学家的存在价值辩护。他认为哲学家有责任不断质疑社会中的不合理现象，挑战现有的权威和信仰体系。在苏格拉底看来，哲学家与社会的关系应当是建设性的批判，应像牛虻刺激马匹一样，唤醒沉睡的雅典。他通过质疑与探讨，帮助公民认识自身的无知和社会中的不公，进而促使他们反思和改进。然而，雅典社会并不接受这一角色的正当性，反而将苏格拉底视为危害社会安定的因素。

这一冲突体现了哲学家与公民社会之间的根本张力。哲学家的质疑精神往往与社会的稳定相冲突，尤其对于当时战败的雅典来说，社会更倾向于回归传统和权威，而不是接受批判与质疑。苏格拉底通过这种哲学探讨，暴露了雅典社会对知识的虚假自信和政治体系的脆弱，而这种行为显然违背了城邦所期望的公民忠诚。

总结

苏格拉底与雅典社会的冲突不仅限于法庭上的指控，而是深刻反映了他与社会在哲学、宗教、政治和教育等多方面的对立。他作为哲学家质疑权威和传统，倡导公民思考与追求真理，这与雅典战后社会对稳定和传统的需求产生了不可调和的矛盾。这一冲突最终导致了苏格拉底被审判及最终死亡，但也使他成为西方思想史上自由和理性精神的象征。

历史与哲学解读中的《苏格拉底的申辩》

《苏格拉底的申辩》作为哲学史上的经典文本，历经数千年的传承和研究，被广泛解读与分析。在不同历史时期和哲学流派的影响下，这个作品被赋予了不同的意义与价值。从古希腊到现代，哲学家、历史学家和文学评论家对《苏格拉底的申辩》的理解和评价各有侧重。以下是《苏格拉底的申辩》在不同历史阶段的主要解读和哲学意义。

1. 古代哲学家与历史学家的解读

在古希腊和古罗马时期，苏格拉底的形象和《苏格拉底的申辩》的内容主要通过柏拉图和色诺芬的记载而流传。两者都记录了苏格拉底的辩护，但呈现的角度有所不同。

柏拉图：柏拉图是苏格拉底最著名的学生，他通过《苏格拉底的申辩》展现了苏格拉底是如何捍卫自己的哲学立场的，强调了苏格拉底的智慧、勇气和坦诚。柏拉图不仅真实记录这场辩护，更是借此塑造了一个理想的哲学家形象。因此，在柏拉图的笔下，苏格拉底的死是一场道德和精神的胜利，象征着对真理与正义的坚定追求。

色诺芬：与柏拉图不同，色诺芬的《回忆苏格拉底》和《苏格拉底的申辩》更多地关注苏格拉底的实际言行，试图为他的清白辩护。色诺芬对苏格拉底的描绘较为朴素，着重强调了他作为公民的忠诚和作为教师的责任感，而不是柏拉图式的哲学理想化。

在古希腊哲学中，苏格拉底的辩护被视为哲学家反抗世俗社会的不正义行为的典范。亚里士多德对苏格拉底的评价较为中立，他在自己的著作中承认了苏格拉底在伦理学上的贡献，特别是苏格拉底对于美德的探索，但他认为苏格拉底对道德知识过分依赖，忽视了道德行为本身。

2. 中世纪对苏格拉底的诠释

在中世纪，苏格拉底的思想与基督教伦理思想产生了某种契合。中世纪的学者通常将苏格拉底视为“殉道者”，即他为了追求真理，不惜牺牲自己的生命。这种观点在中世纪的基督教伦理中得到了回应，特别是因为苏格拉底的死亡可以被类比为基督徒为信仰而献身。因此，在中世纪的解读中，苏格拉底被赋予了某种道德和宗教的神圣性。

中世纪学者，如奥古斯丁，将苏格拉底的伦理思想与基督教的教义结合，认为苏格拉底追求真理与智慧的态度类似于基督教徒对上帝的信仰和追求。尽管苏格拉底并非基督徒，但他在追求道德和知识方面的无畏精神被视为符合基督教的基本原则。

3. 文艺复兴与启蒙时期的复兴

到了文艺复兴时期，随着古希腊和罗马经典的重新被发现，苏格拉底再度成为西方思想的中心人物。《苏格拉底的申辩》被重新审视，苏格拉底被认为是理性、个人自由和道德自主的象征。文艺复兴时期的人文主义者如伊拉斯谟等人，将苏格拉底作为反对教会权威和倡导个人良知的楷模。在这段时间，苏格拉底的形象从一个哲学家转变为一个象征独立思考和理性自由的人物。

到了启蒙时期，苏格拉底的思想得到了更加积极的评价，特别是在反对专制主义和教条主义的背景下，苏格拉底被看作是启蒙理性的先驱。伏尔泰、卢梭等思想家高度赞扬了苏格拉底的批判精神，认为他为人类理性铺平了道路。尤其是在卢梭的《社会契约论》中，苏格拉底的个人道德与公共责任之间的关系得到了深入探讨。卢梭认为，苏格拉底不仅是个人道德的捍卫者，也是社会道德的批判者，他的死象征着个体自由与社会压迫之间的冲突。

4. 现代哲学中的苏格拉底

在现代哲学中，苏格拉底和《苏格拉底的申辩》依然具有极大的影响力，特别是在道德哲学、政治哲学和存在主义等领域。

存在主义的视角：苏格拉底对死亡的无畏态度引起了现代存在主义哲学家的关注，特别是萨特和海德格尔等思想家，他们认为苏格拉底对死亡和个人命运的勇敢接受，是对人类存在意义的深刻反思。苏格拉底以从容不迫的态度迎接死亡，正如萨特所指出的那样，他通过这一行动肯定了自由意志的重要性。他拒绝向外界压力屈服，坚持按照自己的道德准则生活，即使付出生命的代价也在所不惜。

自由与责任：现代政治哲学家也很关注苏格拉底处理个人责任与国家法律之间的冲突的方法。汉娜·阿伦特对苏格拉底的个人道德和公共责任的关系进行了深入探讨，认为苏格拉底的哲学活动是一种对权威的质疑，展现了公民社会中对自由的捍卫。汉娜·阿伦特认为，苏格拉底的死提醒我们，民主社会需要容忍不同的声音，并允许哲学家和批评家存在。

5. 苏格拉底在当代的解读

当代的哲学家和学者对《苏格拉底的申辩》的

解读更加多元化，特别是在文化多元化的背景下，苏格拉底的形象和思想得到了更广泛的传播。例如，后现代主义哲学家福柯，从权力与知识的角度解读《苏格拉底的申辩》，认为对苏格拉底的审判反映了社会对非传统思想的打压。福柯认为，苏格拉底的辩护不仅是对个人自由的捍卫，更是对话语权力体系的挑战，揭示了雅典社会中知识与权威的紧张关系。

此外，在全球化背景下，苏格拉底的哲学方法——尤其是他的反诘法——被视为跨文化对话的重要工具。通过对话与反思，苏格拉底式的质疑精神为现代社会中不同文化和思想之间的交流提供了一种哲学框架。

总结

从古希腊到现代，《苏格拉底的申辩》经历了不同历史时期的解读与再解读。它不仅是一篇关于苏格拉底个人辩护的哲学文本，更是西方思想史中的一块奠基石。每个时代的哲学家都从不同的角度诠释苏格拉底的思想：他被视为理性的捍卫者、道德的殉道者、自由的象征以及批判权威的勇士。这些解读不仅丰富了苏格拉底的形象，也使得《苏格拉底的申辩》成为探讨人类智慧、道德与政治关系的重要文本。

申辩篇

开篇

苏格拉底：各位雅典人[1]，你们究竟受到控告我的人多大的影响，我不知道。不过，我自己几乎都被他们迷惑得忘记了自己是谁，因为他们说得就像真的一样，很令人信服。然而，他们说的几乎没有一句是真的[2]。在他们所说众多的谎言中，有一点让我特别惊讶：他们说你们必须提防我，因为我是一个“能

---

[1]“各位雅典人”：这里使用了“各位雅典人”这个称呼，而不是“雅典人”，因为从后文来看，苏格拉底并不真正认可所有在场的人都具有被称为雅典人的资格。事实上，苏格拉底认为，陪审员并不真正具有道德上的雅典人身份，他的辩护更多是为了雅典公民的灵魂，而不是单纯的无罪判决。

[2]“几乎没有一句是真的”：苏格拉底在这里指出是控诉他的那些人用虚假和夸大的言辞影响了陪审团。这种直接揭露控方谎言的方式也是古希腊法庭辩护常见的策略之一。在此，苏格拉底并没有用复杂的修辞技巧，而是直接质疑对方所说的话。这不仅是在为自己辩护，也为辩护的核心——真理，设定了立场。

言善辩”[1] 的人。可当我证明自己在言辞上毫无技巧时，他们丝毫不为自己的谎言感到羞耻，真是厚颜无耻到了极点。当然，除非他们认为说真话的人也是“善于言辞”的。若是如此，那我倒是愿意承认自己是个演说家，虽然这与他们所谓的“善辩”大不相同。

我敢说，他们说的几乎全是谎话。但是，各位雅典人，从我这里，你们听到的将是真话。当然，我不会像他们那样用华丽的辞藻和精心编排的词句，而是会用我随时想到的词语来为自己辩护。我相信，我所说的是真理，因此你们不必期待其他形

[1] “能言善辩”：在古希腊，尤其是在雅典，演说术（rhetoric）被视为政治生活中的重要技能。控方试图通过这一点让陪审团认为苏格拉底能够用巧妙的言辞误导他们。然而，苏格拉底反其道而行之，声称自己并不依赖华丽的辞藻，而是依靠事实和真理来为自己辩护。这一论点正好与当时的“诡辩派”（Sophists）对立，后者擅长用语言技巧影响大众，而苏格拉底则认为真理不需要言辞上的修饰。

式的辩护。而且，对于我这个年纪[1]的人来说，在你们面前像年轻人一样编造演说词，实在是不合适的。所以，我必须请求你们，若我为自己辩护时用了我以往在市集或其他地方与你们许多人交谈时的相同言辞，请不要感到惊讶，也不要因此而打断我。因为情况是这样的：这是我第一次站在法庭上，我已经七十岁了，而且，我对这里完全陌生。如果我是一名外国人，你们一定会原谅我用我出生地的方言和表达方式说话。那么，同样的道理，我现在也请你们，完全公平地请求你们，不要在意我的辩护方式[2]——无论它是拙劣的还是巧妙的，而要专注于一

[1]“年纪”：苏格拉底此时已经七十岁，这里意在强调他与那些年轻的诡辩家不同。七十岁的年纪意味着他已经有了足够的生活经验和智慧，不会像年轻人那样为了赢得法庭的支持而编造辞藻。这里暗示了一种道德上的优越感：他不需要通过技巧性的演说来赢得审判，因为他所讲述的是真理。同时，这也是一种谦逊的表达——他将自己置于一个谦虚的老人的位置，而不是一个能言善辩的演说家的位置。

[2]“辩护方式”：苏格拉底的辩护方式是以真理为基础的，而非修辞技巧。他强调辩护应该是真理和正义的体现，而不是一种语言上的游戏。他请求陪审团关注他言辞背后的真理，而不是言辞本身的优劣。这一段不仅是对控方的回应，也是对当时雅典社会中演说文化的一种反思和批判。他认为，一个真正的雅典人应该关注案件的本质，而不是被表面的技巧迷惑。

件事，即我是否在说真话。因为这才是雅典人的德行，而演说家的德行[1] 就是讲述真相。

[1] “演说家的德行”：在古希腊，演说家的德行被认为是影响公众意见的关键，尤其是在民主政治中。然而，苏格拉底在此提出了一个不同的观点：演说家的真正德行不是语言的技巧，而是讲述真相。这种观点与诡辩派形成鲜明对比，后者强调用语言技巧来达到目的；而苏格拉底认为，真正的德行应该是服务于真理的。这一观点也为后来的西方哲学奠定了基础，特别是在伦理学和政治哲学中。

陈述

苏格拉底：首先，各位雅典人，我必须先为自己辩护，回应最早针对我的虚假指控和那些最早的控诉者；接着，再回应后来的指控和后来的控诉者。事实上，长久以来，许多控诉者站在你们面前控告我，他们所说的没有一句是真话。尽管如此，但我对他们的惧怕远远超过我对阿尼图斯[1]及其同伙的惧怕——虽然他们也很狡猾。这是因为，那些最早的控诉者更为危险。他们从你们年少时就开始影响你们，向你们灌输虚假的指控，譬如"有个叫苏格拉底的

[1] "阿尼图斯"：阿尼图斯是苏格拉底的主要控告者之一，曾是一名富有的雅典民主派领导人。他是与苏格拉底敌对的政治人物，认为苏格拉底的言论和行动对雅典的传统价值观构成威胁。苏格拉底在这里提及阿尼图斯不仅是对当前控诉的回应，也带有政治隐喻，表明控诉的背后有更大的政治动机。

人……智慧的人……研究天上的事物……探究地下的事物……把较弱的论点变得更强”。[1]

各位雅典人，那些散布这些谣言的人是我最惧怕的控诉者。因为他们的听众相信，探究这些事物的人是不承认神灵存在的。而且，这样的控诉者有很多，并且已经散布谣言很多年了。他们在你们年纪尚小时对你们说这样的话，那时你们有些还是孩子，有些则稍大一些，他们在没有任何人为我辩护的情况下，就随意地提出了这些指控。然而最荒谬的是，我甚至无法知道或说出他们的名字——除了某位喜剧诗人[2]。那些用恶毒的语言，通过诽谤我来说服你们的人，以及那些自己被说服后又去说服他人

---

❶“智慧的人……研究天上的事物……探究地下的事物……把较弱的论点变得更强”：这是对苏格拉底的经典指控，最早来自阿里斯托芬的喜剧《云》中对苏格拉底的讽刺形象。这些指控试图把苏格拉底描绘成一位与传统宗教信仰对立、关注自然现象和逻辑辩证的智者。然而，苏格拉底在此为自己辩护，声称这些指控完全是虚假的，意在破坏他的公众形象，并使他看似不信奉神明。

❷“喜剧诗人”：这里指的是阿里斯托芬，尤其是他在戏剧《云》中对苏格拉底的戏剧化描写。阿里斯托芬以诙谐和讽刺的手法将苏格拉底描绘为一位不敬神灵、耽于辩论的智者，这大大影响了当时公众对苏格拉底的看法。

的人，都是最难应付的。因为我无法让他们中的任何一个人站出来作证，并接受质询。我必须像与影子搏斗[1]一样为自己辩护，来面对一个没有回答者的质问。

因此，请承认，正如我所说，针对我有两类控诉者：现在提出指控的那些人，以及早些年提出指控的那些人。而且，请接受我必须先回应后者的事实。因为实际上，你们更早听到的是这些旧指控，并且这些指控比后来那些指控更有影响力。

好吧，接下来我就要开始辩护了，雅典人们。在这短暂的时间里，我要试图消除你们这么多年积累的偏见。如果这对你们和我更好，我希望能够成功辩护。但是我认为这是困难的，这种情况对我来说也并不陌生。然而，愿神明随意安排结果；法律必须遵守，辩护必须进行。

---

[1] “与影子搏斗”：苏格拉底在此使用了一个比喻，表明他正面对着看不见的、无法触及的敌人。那些指控他的人要么已经散布谣言多年，要么是无名之辈，这使他无法直接面对他们进行反驳。这种“与影子搏斗”的形象化表达展示了苏格拉底辩护时的无力感，因为他必须应对的是一群已经将谣言植入思想中的控告者，而不是单一的控告者。

驳斥旧控诉者

苏格拉底：那么，让我们从头处理那些引发偏见的指控——那些莫勒图斯[1] 实际依赖着的起诉我的指控。那些诋毁我的人说了什么？我们有必要像读他们的誓状一样来检视："苏格拉底行了不义之事，他探究地下和天上的事物，使较弱的论点变得更强[2]，并教导他人如此行事。"指控大致就是这些。实际上，

[1] "莫勒图斯"：莫勒图斯是苏格拉底的主要控告者之一，他的指控集中在苏格拉底"腐化青年"和"不敬神灵"这两项罪名上。莫勒图斯虽然表面上是一个不起眼儿的人物，实际上却代表着雅典保守的政治势力。莫勒图斯的指控背后隐藏着对苏格拉底哲学思想的更深层次的社会恐惧。

[2] "使较弱的论点变得更强"：这一指控直接影射诡辩派，他们以语言技巧著称，能够通过言辞使错误或弱势的观点看起来更为有力。这种指控不仅是对苏格拉底个人的攻击，也是对整个哲学活动的质疑。苏格拉底在此驳斥了他与诡辩家之间的相似性，表明他不以语言技巧为手段，而是追求真理。

你们在阿里斯托芬的喜剧[1]中也见过这些——某个“苏格拉底”在舞台上被抬来抬去，说自己能在空中行走，并喋喋不休地讲述一大堆我既不懂也不关心的东西。请注意，我并不是要贬低这种知识，如果有人真的擅长它，希望他们不会因此被莫勒图斯指控。但，各位雅典人，我完全不懂这方面的知识。我再次请你们中的多数人为我作证，请那些听过我谈话的人彼此告知，是否有人曾听我谈过这类事情。从中你们便可以看出，其他人对我的其他指控的真实性[2]。

事实是，这些指控毫无根据。如果你们听说我自称是在教育他人并以此谋生[3]，那也是谎言。我认

---

[1]“阿里斯托芬的喜剧”：这里指阿里斯托芬的喜剧《云》，“苏格拉底”在舞台上被吊在篮子里吟诵。

[2]“对我的其他指控的真实性”：其他指控指的是“探讨地下和天上的事物”，暗示苏格拉底从事自然哲学的研究，这在古希腊被认为是一种挑战传统神权的活动。苏格拉底并不热衷于自然哲学，他的兴趣更多地集中于伦理学和对人类事务的探讨，因此这些指控是对他思想的歪曲。

[3]“教育他人并以此谋生”：苏格拉底否认自己以教育为职业，也不收取费用。这与那些收费的智者（如高尔吉亚和普罗狄科）形成鲜明对比。苏格拉底的教育方式与智者不同，他的教育是对话式的，旨在激发人们对真理的思考，而不是传授某种特定的技艺。

为能够像列昂提尼的高尔吉亚、基奥斯的普罗狄科，或伊利斯的希皮亚斯那样教育人是件好事[1]。因为这些人中的每一个都能进入任何城市，并说服年轻人放弃和自己城市的人交往，转而与他们交往，并支付他们报酬，甚至对他们感激不尽。

实际上，这里现在就有一个这样的智者，他刚来到城里。我遇到过一个花费在智者身上的钱比花费在其他人身上都多的人——希波尼库斯的儿子卡利亚[2]。因为他有两个儿子，所以我问他："卡利亚，如果你的两个儿子是小马或小牛，我们可以为他们找到一名驯兽师，雇他来训练他们，使他们更出色；也可以雇一名驯马师，或者一名马术师。但现在，他们是人，你打算请谁来当训练者呢？谁具备做一名合格公民的美德呢？因为你有儿子，我肯定你已

---

[1] "高尔吉亚""普罗狄科""希皮亚斯"：这些人是当时著名的智者，他们以教授修辞学、辩论术和其他实用技艺闻名，并收取高额费用。苏格拉底对这些人的讽刺实际上是在强调他与这些智者的区别，表明他不追求物质回报，只是追求智慧和真理。

[2] "卡利亚"：他是雅典的富人之一，以大力支持智者学派而闻名。苏格拉底这里提到卡利亚及其为智者支付巨款，进一步嘲讽了智者收费的行为，并且强调他与智者的不同之处。

经考虑过这个问题。你认为有这样的人吗？请回答有还是没有？”

“当然有。”他说。

“是谁？”我问道，“他来自哪里？他教书的费用是多少？”

“伊维诺斯[1]、苏格拉底，”他说，“帕罗斯人，收费五米纳。”

我认为如果伊维诺斯他真的精通某些知识，并以如此合理的价格教授它，那他确实很幸运。至于我自己，若我真的拥有那样的知识，我会因自负[2]而骄傲。然而，各位雅典人，我并没有。

或许你们中的某些人会问：“但是，苏格拉底，究竟是怎么回事？这些对你的诋毁是从哪里来的呢？你肯定做了一些与众不同的事情，否则不会有

---

[1] “伊维诺斯”：他是帕罗斯的一位智者，以教授修辞和论辩技艺著称。苏格拉底在此提到伊维诺斯，意在表明自己与这些收费的智者无关，进一步否认了对他“收费教育”的指控。

[2] “自负”：苏格拉底在此通过假设自己如果拥有那种收费智者的技艺将会变得自负，进一步强调了他的谦逊态度。苏格拉底的这种谦逊是他哲学方法的核心，即通过承认自己的无知，激发他人对真理的追求。

这么严重的谣言和流言产生。告诉我们是什么事情吧，好让我们不至于在不明真相的情况下对你采取行动。”我认为这是一个合理的要求，我将试着解释是什么使我得到了这种名声。请听我说，也许你们中的一些人会以为我在开玩笑，但请相信，我将告诉你们事情的真相。

各位雅典人，我获得这种名声仅仅是因为某种智慧。是什么样的智慧呢？或许是人类特有的一种智慧[1]，因为我可能真的在这方面有特长。而刚才我提到的那些人，可能拥有超出人类的智慧——要么如此，要么是我无法解释的东西。但无论如何，我对那类智慧毫无所知，任何声称我拥有它的人都是在撒谎并且是在诋毁我。

各位雅典人，请不要骚动，即便我在你们看来是在自吹自擂。因为这并不是我说的话，而是我引用的一个值得信赖的人所说的话。关于我说的这些，

[1] “人类特有的一种智慧”：苏格拉底在此提到的“智慧”并不是传统意义上的知识，而是一种认识自己无知的能力。苏格拉底的这种“智慧”是他的伦理哲学的基石，即通过承认自己的局限，达到道德上的进步。

无论它是何种智慧，我都将请德尔斐神谕[1]作证。

你们一定认识卡瑞丰[2]。从青年时期起，他就是我的朋友，也是你们多数人的朋友。他曾与你们一起流亡，后来又与你们一起回到雅典。你们也知道他是个什么样的人，无论做什么事，他都如此冲动。好吧，他曾经勇敢地去德尔斐神庙询问神谕——各位雅典人，请不要骚动——他问神是否有人比我更聪明。皮提亚[3]回答说，没有人比我更聪明。他的兄弟就在这儿，可以为此作证，尽管卡瑞丰已经去世了[4]。

---

❶“德尔斐神谕”：苏格拉底常引用德尔斐神谕来证明自己的智慧，因为德尔斐神谕当时被认为是不会出错的，是最值得信赖的。苏格拉底借用神谕不仅是为了证明自己的谦逊，也是为了证明他的哲学活动得到了神灵的认可。

❷“卡瑞丰”：卡瑞丰是苏格拉底的好友，曾参与雅典的民主政治活动。卡瑞丰在雅典民主派的支持下问询德尔斐神谕，这在当时是政治人物展示权力与影响力的一种方式。卡瑞丰的行为标志着苏格拉底的哲学与雅典主流政治力量的某种联系。

❸“皮提亚”：皮提亚是德尔斐神庙的女祭司，她被认为是阿波罗神的代言人。皮提亚的神谕在古希腊社会中具有至高无上的权威，尤其是在宗教和政治事务中，受到普遍尊重和信赖。

❹“卡瑞丰的兄弟作证”：苏格拉底提到卡瑞丰的兄弟可以作证，以加强他对神谕真实性的辩护。这里苏格拉底不仅是在为自己辩护，也是在呼吁雅典公民相信他们共同信仰的神明。

为什么我要提到这些？我提到这些是因为我打算告诉你们这些针对我的诽谤的根源。当我听到这个神谕时，我开始反思："神的意思是什么？这个谜一样的言语究竟是什么意思？我明明知道自己并不聪明，那神却说我是最聪明的，这是什么意思呢？显然，他不可能说谎，因为这与神道不符。"因此，我陷入长期的困惑[1]中。后来，我很不情愿地开始用某种方式探究这件事。

我去找了一个以智慧著称的人，因为我觉得如果哪里能验证这句话的意思，那一定就是这里。我可以向神明证明：这个人比我聪明，而你却说我最聪明。于是我审视了他——没必要提及他的名字[2]，但他是个政治人物。在与他讨论的过程中，我得出了结论，虽然他以智慧著称，但他并不是真的有智慧。

---

[1]"长期的困惑"：苏格拉底对神谕的长期思考体现了他"求知欲"的本质。苏格拉底的哲学方法从质疑和自我反思开始，这使他与雅典其他智者的追求有本质区别。

[2]"没必要提及他的名字"：苏格拉底故意不提政治人物的名字，既是避免个人攻击，也是为了集中在思想层面上进行讨论。苏格拉底的这种不点名批评既是一种哲学策略，也反映了他对个人荣誉和名望的冷淡态度。

我试图向他展示这一点，结果我遭到了他和在场的许多人的憎恨❶。

但我离开时心里想："我比这个人聪明。或许我们两个都对有价值的事物一无所知，但他在自己不知道的情况下认为自己知道，而我并不会如此。因此，从这方面来说，我似乎确实比他有智慧，因为我不会不懂装懂。"

然后我去找另一个被认为更有智慧的人，结果又是一样的。在那里我也遭到了他和许多其他人的憎恨。然而，我继续前进，因为我逐渐被更多的人憎恨，虽然我感到悲伤和恐惧，但我仍然觉得应优先思考神明的意思❷。因此，为了探究神谕的意思，我必须继续检验那些以智慧著称的人。

---

❶"遭到了他和在场许多人的憎恨"：苏格拉底在挑战公众人物的智慧时，往往遭遇敌意。这种敌意的积累最终导致了苏格拉底被审判，而他的辩护词中对这一点的强调是为了说明他并非出于恶意，而是出于对真理的追求。

❷"优先思考神明的意思"：苏格拉底强调他探究智慧的动机是为了验证神谕，这是一种宗教性辩护。苏格拉底试图通过这种辩护将自己的行动与神圣意志联系起来，使审判者对他的行为产生敬畏之心。

各位雅典人，我发誓，我必须告诉你们事实：当我按照神谕探究这些智慧的人时，我发现那些最受尊敬的智者竟是最缺乏智慧的人，而那些平庸的人反而更具辨别力❶。

我必须告诉你们我的历程，以及我为了检验神谕所付出的努力。从政治人物那里离开，我又见了一些诗人❷——包括悲剧诗人、酒神赞美的诗人以及其他诗人，我认为在那里我肯定能发现自己不如他们聪明。所以，我选了一些他们特别费心创作的诗歌，并请他们解释其中的意思，同时我也打算向他们学习。各位雅典人，我感到羞愧，但我仍然要告诉你们真相：几乎在场的每个人都能比他们更好地

---

❶“那些平庸的人反而更具辨别力”：苏格拉底的这句话表明了他对智慧评价标准的质疑。苏格拉底认为许多人对智慧的理解过于狭隘，智者并不是那些自认为拥有智慧的人，而是那些知道自己无知的人。

❷“又见了一些诗人”：苏格拉底对诗人的探讨反映了他对艺术创作与智慧之间关系的质疑。苏格拉底通过探讨诗人的创作过程，质疑了诗人是否真正理解他们的作品，并暗示智慧与灵感之间并无直接联系。

解释[1]他们自己创作的内容。

因此，我很快意识到，诗人们并不是通过智慧来创作的，而是凭借某种天生的禀赋或神圣的灵感[2]，正如先知和占卜者一样。后者也能说出许多美妙的话语，但他们并不了解自己所说的内容。在我看来诗人们也是如此，同时我也意识到，因为他们创作了这些诗歌，便认为自己在其他重要的事情上也是最聪明的人，但事实并非如此。我再次离开，并且觉得自己比他们更有智慧，就像比那些政治人物智慧[3]一样。

最后，我去了工匠们那里。我知道，自己在这

---

[1]“在场的每个人都能比他们更好地解释”：苏格拉底发现，诗人并不能解释他们的作品，旁观者反而能更清楚地理解。苏格拉底在这里揭示了诗人创作的偶然性和非理性特点，表明艺术创作并非出于理性的智慧，更多的是出于某种神秘的灵感。

[2]“神圣的灵感”：苏格拉底将诗人的创作比作先知的启示，这表明他认为诗歌创作是一种超理性的行为。这种观点与古希腊人对诗歌与神圣启示之间关系的理解相吻合，但苏格拉底对这种“灵感”的批判性分析表明，他并不认为这种灵感等同于智慧。

[3]“比那些政治人物智慧”：苏格拉底在与诗人和政治人物的对比中，强调了他对自知之明的重视。苏格拉底通过这种比较表明，智慧的本质并不在于社会地位或声誉，而在于对自身局限的认识。

方面几乎什么都不懂，而他们懂得许多精妙的事情。在这一点上，我没有错：他们确实懂得我所不懂的事物，因此在这方面比我更有智慧。然而，各位雅典人，我发现诗人和那些能干的工匠有着相同的缺陷：他们因为精通自己的技艺，便自认为在其他重要的事情上也很有智慧。这种错误大大掩盖了他们的智慧。于是，我问自己，我是愿意保持现在的样子，既不拥有他们的智慧，也不沾染他们的愚昧，还是愿意接受他们这种智慧和愚昧并存[1]的样子，并且变得和他们一样？我对自己，也对神谕回答说，保持我现在的样子更好。

从这次的检验中，各位雅典人，许多人对我产生了敌意，这种敌意非常激烈和难以忍受，以致出现了许多对我的诽谤，并且流传开来，说我“有智慧”。因为每次在场的人都认为我在“检验他人的事

---

[1] “愿意接受他们这种智慧和愚昧并存”：苏格拉底在这里提出了他对工匠和诗人的批判。他认为这些人虽然在各自领域精通，但由于他们的技艺使他们自认为在其他方面也有智慧，这种“技艺的骄傲”导致了他们的错误。苏格拉底在这里的自我评价并不是自卑，而是一种深刻的自知，即他宁愿保留自己的谦逊，也不愿像那些自负的工匠一样犯下“智慧的傲慢”的错误。

物上”有智慧。实际上，各位雅典人，真正有智慧的是神，而神通过他的神谕表达这样的意思：“人类的智慧是微不足道的，甚至一无是处。”看来他并不是夸赞我，而是把我当作例子，好像在说：“在你们当中，只有那些像苏格拉底一样意识到自己在智慧上一无所知的人，才是最有智慧的。”

这就是为什么我至今仍然遵从神谕到处行走，探寻并询问每一个可能有智慧的人，无论他是本地人还是外地人。当我发现他并不智慧时，我就替神证明了这一点。由于这种追求，我几乎没有时间去处理城邦的事务或是我自己的事务，最终使自己陷入极度的贫困[1]。

此外，也有一些年轻人跟随我——尤其是那些有闲暇时间的人，也就是富有的人。他们自愿跟随我，乐于听我检验他人，并且经常模仿我，尝试去检验别人。接着，我想，他们很容易就能发现一大批以

---

[1]“极度的贫困”：苏格拉底的生活状况是他哲学追求的结果。他完全致力于寻求智慧，放弃了世俗的财富和地位。苏格拉底的贫困不仅是他个人选择的生活方式，也是他与雅典其他智者不同的重要标志。这种对物质财富的拒绝让他能够保持独立的思考。

为自己有知识实际上却知道得很少或一无所知的人。结果，那些被他们检验的人生我的气，而不因他们自己的无知而生气，并说“这个苏格拉底实在是个败类，他正在腐化青年。”而当有人问他们苏格拉底到底做了什么，或者他教了些什么，他们却说不出个所以然来。但为了不显得自己无话可说，他们便随便捏造些对任何追求智慧的人都惯用的指控，如“他探究天上和地下的事物”，或者“他不承认神灵”，或者“他把较弱的论点变得更强”。我想，他们是不愿意说出真相的，因为真相就是他们假装有智慧[1]，实际上却一无所知。

我认为，他们关心自己的声誉，又心高气傲，而且人数众多、发言激烈有力，这使得诽谤和流言长时间充斥于你们的耳朵，所以造成了今天的局面。

[1] “假装有智慧”：苏格拉底在这里揭示了他与雅典其他自认为有智慧的人之间的区别。他所遭遇的敌意并不是因为他教了什么新奇的学问，而是因为他说出了那些自以为有智慧的人实际上一无所知的事实。

正因如此，莫勒图斯才对我发起攻击，并联合了阿尼图斯和莱康——莫勒图斯是为诗人们打抱不平，阿尼图斯是为工匠和政治家发声，莱康则代表演说家们来反对我[1]。

所以，正如我一开始所说的，如果我能够在这么短的时间里消除已经广泛传播的、对我影响颇深的诽谤，我才会感到惊讶。

好了，各位雅典人，这就是事实，我在说这些时没有隐瞒任何事情，也没有歪曲事实。然而我深知，正因为我说了这些，我才会被人憎恨——这事实上也证明了我所说的是真实的——而这也是对我所有诽谤和指控的根源[2]。不管你们是现在审查这些，还是以后再审查，你们都会发现事情的真相正是如此。

---

[1]"莫勒图斯""阿尼图斯""莱康"：苏格拉底提到了三位起诉他的主要人物，代表了雅典社会的不同群体。莫勒图斯代表了诗人和艺术家，阿尼图斯代表了工匠和政治人物，莱康则代表了演说家。这三个群体各自因为苏格拉底的批判而感到受到威胁，因而联合起来对他发起控诉。

[2]"诽谤和指控的根源"：苏格拉底在此总结了他被控告的主要原因——他通过揭露那些自认为有智慧的人实际上却一无所知，触犯了许多人的利益。这种对社会精英的挑战在当时的雅典是极为危险的，因为它不仅挑战了个人的声誉，也挑战了整个社会的权威结构。

驳斥莫勒图斯的指控

苏格拉底：关于控诉者对我最初的指控，以上的辩护已经足够了。但对于莫勒图斯——这个好人，他自称是热爱城邦的人——以及我后来的控诉者，我将进行进一步的辩护。让我们面对另一类控诉者，开始分析他们的誓状。誓状大致是这样写的：苏格拉底因腐化青年有罪，并且他不承认城邦所承认的神灵[1]，而是引入了新的神明。

这就是指控。让我们详细审视它的内容。它声称我因腐化青年有罪。但我想说，各位雅典人，莫

[1] “不承认城邦所承认的神灵”：这是莫勒图斯对苏格拉底的主要指控之一，声称苏格拉底引入了新的神灵而否定了雅典传统的神祇。这一指控实际上反映了当时雅典社会对思想创新的高度敏感，特别是在宗教事务上。这种指控本质上是试图通过“对宗教不敬”的罪名来破坏苏格拉底的公众形象。

勒图斯才有罪，因为他把指控当儿戏[1]，并轻率地把人送上审判庭，来假装关心他从未真正关心过的事情。我将努力向你们证明这一点。

来这里，莫勒图斯。现在告诉我，你认为让年轻人变得更好是否是最重要的事情？

莫勒图斯：是的，我认为是。

苏格拉底：那么告诉这些陪审员，谁让他们变得更好？显然你知道，因为这是你关心的事情。你说你发现我是那个腐化他们的人，所以你把我带到这些雅典人面前控告我。那么现在请你告诉我，谁让他们变得更好[2]？告诉这些雅典人他是谁。

你看，莫勒图斯，你沉默了。你不能回答。难道这不让你感到羞耻吗？难道这不充分表明了我所

---

[1]“把指控当儿戏”：苏格拉底认为莫勒图斯并没有真正关心青年或其所谓的道德败坏，他只是为了发起控诉而编造了这些指控。苏格拉底通过讽刺莫勒图斯轻率的态度，展示了莫勒图斯的指控缺乏实质性依据。

[2]“谁让他们变得更好”：苏格拉底的这一反问是对莫勒图斯指控的核心反驳。苏格拉底通过一系列质问，展示了莫勒图斯的无知和不诚实。苏格拉底的这种质问方式是他的经典辩论策略，通过不断诘问，揭示对方论点中的漏洞。

说的是真的吗？——你从未真正关心过这个问题。告诉我们吧，我的朋友。到底是谁让他们变得更好？

莫勒图斯：是法律[1]。

苏格拉底：但我问的不是法律，亲爱的朋友。我问的是哪个人让他们变得更好——无论是谁，他首先应该知道法律。

莫勒图斯：是这些人，苏格拉底。是法官们。

苏格拉底：真的吗，莫勒图斯？这些人在这里能够教育青年并让他们变得更好？

莫勒图斯：是的。

苏格拉底：所有人？还是只有一部分？

莫勒图斯：所有人。

苏格拉底：以赫拉的名义起誓[2]，你带来了好消

---

[1] “法律”：莫勒图斯并没有直接回应苏格拉底的问题，而是试图将责任推给法律。这实际上是莫勒图斯的逃避性回答，因为苏格拉底并不是在问法律的作用，而是在问具体的个人如何影响青年。苏格拉底通过将问题具体化，迫使莫勒图斯面对他指控的逻辑不一致问题。

[2] “以赫拉的名义起誓”：赫拉是希腊神话中的女神，苏格拉底在此以赫拉的名义起誓是为了强调莫勒图斯指控的荒谬。这种引用神祇的方式在当时的雅典语境中是一种常见的修辞手法，既增加了言辞的力量，也讽刺了对方的论点。

息！原来雅典有这么多无私的人！那么听众呢？他们也让青年变得更好吗？

莫勒图斯：他们也能。

苏格拉底：那么议会的成员呢？

莫勒图斯：议员们也能。

苏格拉底：好吧，莫勒图斯，那参加公民大会的人呢，他们腐化青年吗？还是他们也让青年变得更好？

莫勒图斯：他们也让青年变得更好。

苏格拉底：看来除了我之外，所有雅典人都让青年变得更好[1]，只有我是在腐化他们。你是这样认为的吗？

莫勒图斯：没错，我就是这样认为的。

苏格拉底：你给我带来了巨大的不幸。告诉我，你认为马的情况也是这样吗？所有人都能让马变得

[1]“除了我之外，所有雅典人都让青年变得更好”：苏格拉底通过这一讽刺性总结，揭示了莫勒图斯指控的荒谬性。如果莫勒图斯的逻辑成立，那么唯一腐化青年的人就是苏格拉底，而所有其他雅典人都是无辜的。这显然是一个极端的、不可接受的结论。苏格拉底在此巧妙利用莫勒图斯的回答，展示了指控的自相矛盾。

更好，而只有某个人会让它们变坏？还是只有某个人，或者说少数人，也就是驯马师，能让马变好，而大多数人如果与马打交道并使用它们，就会使它们变坏？这难道不是真的吗，莫勒图斯？无论你和阿尼图斯是否承认，事实都是如此。如果真是这样，年轻人岂不是运气很好？只有一个人让他们变坏，而其他人都能让他们变得更好？但事实上，莫勒图斯，这清楚地表明了你从未关心过年轻人[1]，也根本不关心你指控我时所涉及的事情。

再次起誓，亲爱的莫勒图斯，告诉我们：与善良的公民为伍更好，还是与邪恶的人为伍更好？请回答，亲爱的朋友，这个问题不难。难道不是恶人对周围的人作恶，善人对周围的人行善吗？

莫勒图斯：当然是。

苏格拉底：那么，在与他人交往时，有人愿意受到他人伤害，而不是获得帮助吗？回答我，亲爱

---

[1] “你从未关心过年轻人”：苏格拉底通过一系列问题，指出莫勒图斯的指控不仅没有逻辑支持，还表明莫勒图斯根本不关心青年人的教育问题。苏格拉底通过这种讽刺和质疑，揭示了莫勒图斯指控的轻率和缺乏实质性内容。

的朋友，法律要求你回答。有人愿意被伤害吗？

莫勒图斯：当然没有。

苏格拉底：很好，那么你指控我腐化青年，你认为我是有意的还是无意的？

莫勒图斯：有意的。

苏格拉底：莫勒图斯，这怎么可能呢？你年纪轻轻的就比我这种年纪的人更加聪明，知道恶人总是对周围的人作恶，而善人总是对周围的人行善，而我却愚蠢至极，竟然不知道如果我对我的同伴做了恶事，我很可能会遭到他们的报复，以至于像你说的那样故意去做恶事？我不相信你，莫勒图斯，我也不认为其他人会相信你。相反，要么我没有腐化青年，要么如果我腐化了他们，但是无意的。无论是哪种情况，你都是在撒谎。如果我无意中腐化[1]了他们，那么法律并不要求对这样的错误提起诉讼，

[1] “无意中腐化”：苏格拉底通过这一论点进一步削弱了莫勒图斯的指控。如果苏格拉底腐化了青年，而他自己并没有意识到这一点，那么根据古希腊的法律，应该私下对其进行教育和劝导，而不是直接提起法律诉讼。苏格拉底通过将无意过失与有意犯罪区分开来，进一步驳斥了莫勒图斯的指控。

而是应当私下教导和劝诫。因为我一旦知道，我就会停止我无意中做的事。然而，你却不愿意与我交流，并教导我，而是直接将我告上法庭，而这里的法律只对需要惩罚的人起诉，而不是对需要教导的人起诉。

各位雅典人，我刚才所说的现在显然已经清楚了：莫勒图斯从未真正关心过这些事情[1]，无论它们多么重要或微不足道。然而，莫勒图斯，请告诉我们：我是如何腐化青年的？还是根据你起诉书的内容，我教青年不承认城邦所承认的神灵，而是信奉新的神明的事？你是指我通过教导来腐化他们吗？

莫勒图斯：当然。这正是我所指的。

苏格拉底：那么，以我们现在正在讨论的这些神的名义起誓，莫勒图斯，请你再讲得明白一些，既为我，也为各位雅典人说明。你是说我教青年人承认神的存在，并不完全否认神灵——虽然这些神不

---

[1] “莫勒图斯从未真正关心过这些事情”：苏格拉底在此揭露了莫勒图斯指控的虚伪性。苏格拉底通过不断要求莫勒图斯明确他的指控，揭示了莫勒图斯并没有认真考虑过青年人教育的问题，只是为了提起诉讼而编造理由。

是城邦所承认的，而是不同的神灵，而指控我？还是说你觉得我自己完全不承认任何神灵，并且我教导别人也这样做？

莫勒图斯：我指的是后者。你根本不承认任何神灵[1]。

苏格拉底：啊，亲爱的莫勒图斯，为什么你要说这些话？难道我不至少承认太阳和月亮是神灵吗？

莫勒图斯：不不不，各位雅典人，他说太阳是一块石头，月亮是泥土。

苏格拉底：亲爱的莫勒图斯！你是不是认为你是在指控阿那克萨哥拉[2]？你竟然这么轻视这些雅典人，认为他们如此无知，连这些言论来自克拉佐美

---

[1] “你根本不承认任何神灵”：这是莫勒图斯对苏格拉底的第二项主要指控。莫勒图斯试图通过这一指控将苏格拉底描绘成一个无神论者，这在当时的雅典是非常严重的指控，因为雅典社会高度重视宗教信仰。

[2] “阿那克萨哥拉”：阿那克萨哥拉是古希腊的一位著名哲学家，以自然哲学研究闻名。他的学说认为太阳是一块炽热的石头，月亮是由地球上的物质组成的。苏格拉底在这里提及阿那克萨哥拉，是在暗示莫勒图斯的指控并不新鲜，且并不针对自己，而是更适用于阿那克萨哥拉的理论。

奈的阿那克萨哥拉的书都不知道？难道青年们要从我这里学到这些东西？我想哪怕它们价格很高，他们在剧院也可以用一德拉克马（德拉克马为古希腊货币名称）买到。如果我假装这些想法是我的，他们会嘲笑我，这个说法多么荒谬啊。好吧，亲爱的朋友，这就是你的想法吗？我根本不承认任何神灵？

莫勒图斯：对，完全不承认。

苏格拉底：你是不可信的，莫勒图斯——甚至你自己都不会相信。各位雅典人，我认为站在你们面前的这个人是傲慢无礼的[1]，他因为年轻气盛而提起这场诉讼。他似乎是在通过提出一个谜题来检验：苏格拉底，这个智慧的人，是否会意识到我的话自相矛盾，或者我是否能欺骗他以及在场的听众？因为他的指控自相矛盾。他就像是在说：苏格拉底因不承认神灵有罪，同时又承认神灵。然而，这显然

[1] “傲慢无礼的”：苏格拉底认为莫勒图斯提起这场诉讼是出于轻率和傲慢，而不是对问题的认真思考。苏格拉底通过批评莫勒图斯的动机，进一步削弱了对方的指控。

是开玩笑。

请和我一起分析为什么我认为他是在说这些自相矛盾[1] 的话。莫勒图斯，请你回答我的问题。其余的人请记住我一开始问你们的，不要因为我按照自己惯常的方式辩论而骚动。莫勒图斯，有没有人不承认人的存在，而承认有与人相关的事物？让他自己回答吧，各位雅典人，让他不要再胡言乱语。有没有人不承认有马的存在，却承认有与马术相关的事物？或者不承认有长笛的存在，却承认有与吹长笛相关的事物？没有这样的例子，我的好朋友。如果你不愿意回答，那我会替你向在场的其他人回答。但是请至少回答我这个问题：有没有人不承认神灵的存在，而承认有与神灵相关的事物？

莫勒图斯：没有。

苏格拉底：你真是太配合了——你还是回答了，虽然不情愿，就像被这些雅典人强迫似的。现在，

---

[1] “自相矛盾”：苏格拉底通过揭示莫勒图斯的逻辑矛盾，展示了他的指控的荒谬性。苏格拉底在下文通过对比与神灵相关的事物和对神灵的承认之间的关系，证明了莫勒图斯的指控前后不一致。

你说我承认并教导与神灵相关的事物——无论是新神灵还是旧神灵，至少按照你的说法，我承认它们。你在起诉书中对此发了誓。但如果我承认与神灵相关的事物，我难道不应该必须承认有神灵的存在吗？是不是这样？当然是这样——既然你没有回答，我就当你同意了。而我们肯定认为神灵要么是神，要么是神的子孙，对吧？

莫勒图斯：当然。

苏格拉底：所以如果我像你所说的那样相信神灵，而神灵是某种神明，那么这就涉及我刚才的那个言论：你说我不相信神灵，但又说我相信神灵，因为我相信神灵的存在。另外，如果神灵是神的子孙，也就是神与仙女或是其他人生的，那么又有谁会相信只有神灵的子孙，而没有神灵呢？这就像相信有马和驴的孩子——骡子——却不相信有马和驴一样荒谬[1]。莫勒图斯，你提出这个控诉不是为

[1] "骡子""马""驴"：苏格拉底用马、驴和骡子的比喻来解释莫勒图斯的荒谬指控。这一比喻的目的是为了展示其逻辑上的荒唐性，表明莫勒图斯的论点在逻辑上站不住脚。

了检验我们，而是因为你找不到任何真正的控诉理由[1]。但是要说服一个有智力的人相信存在与神灵相关的事物而不存在神灵的观点，是不可能的。

[1]“找不到任何真正的控诉理由”：苏格拉底认为莫勒图斯之所以提出这些指控，只是因为他缺乏对案件的深入理解或是没有实际的证据。这一辩驳是苏格拉底对莫勒图斯的不诚实和不合理指控的最终驳斥。

题外话：苏格拉底在雅典的使命

苏格拉底：各位雅典人，我认为不再需要进一步的辩护来证明我无罪了，仅凭我辩驳莫勒图斯的起诉内容就已经足够了。然而，正如我之前所说，我引起了许多人的敌意，而你们可以确信这是真的。如果我被定罪，不是因为莫勒图斯，也不是因为阿尼图斯，而是由于大众对我的怨恨和诽谤。这些怨恨和诽谤[1]已经定了许多好人和正直人的罪，我认为它也将定我的罪，我没有理由否定这一点。

或许有人会说："苏格拉底，你不觉得羞耻吗？你因为追求这样的生活方式，最终让自己面临失去

---

[1]"怨恨和诽谤"：苏格拉底认为，雅典大众对他的敌视和误解才是他被审判的真正原因，而不仅仅是控方的指控。苏格拉底在这里表达了他对雅典社会深层次问题的担忧，即公众的怨恨和无知导致了许多不公正的审判。

生命的威胁?”对此，我会做出一个正当的回应：如果你认为一个真正有价值的人应该考虑生死，那么你就错了。他应该只考虑一件事：他所做的事是否充满正义？他所做的事是一个好人所为，还是一个坏人所为？按你的说法，那些在特洛伊牺牲的半神和英雄，包括忒提斯之子，将毫无价值。阿喀琉斯不愿苟活[1]，他不顾生死打算杀死赫克托尔时，他的女神母亲告诉他：“我的儿子，如果你为你的战友帕特洛克洛斯报仇，杀死赫克托尔，那么你自己也会死。因为你的命运与赫克托尔的命运紧紧相连。”阿喀琉斯听后，完全不在意死亡和危险。他更害怕因无法为朋友报仇而苟活于世。他说：“让我立刻死去，去报复那个作恶的人，这样我就不会像一个笑柄一样待在弓船旁，成为大地的负担。”你认为他顾及死亡和危险了吗?

各位雅典人，事情确实如此：一个人只要在自

[1]“阿喀琉斯不愿苟活”：苏格拉底引用荷马史诗中阿喀琉斯的例子，说明一个真正有价值的人不会因害怕死亡而放弃正义。苏格拉底通过这个例子，表明他对正义的坚持超越了对生死的考虑。

己的岗位上，无论是他认为最好的，还是他的指挥官安排他在那里的，他都必须留在那里，承担一切风险，不考虑死亡或任何其他事情。当你们选出的指挥官将我安排在波提狄亚、安菲波利斯和狄利乌姆[1]时，我会像其他人一样留在那里，承担死亡的风险。同样的，各位雅典人，当神安排我以追求智慧为生，检验自己和他人时，如果我因为害怕死亡或其他事情[2]而离开我的岗位，那这确实是一件可怕的事情，那么你们就可以因我不承认神灵的存在、故意违抗神谕、害怕死亡以及自以为智慧而将我带上法庭。

各位雅典人，害怕死亡不过是认为自己知道自己所不知道的东西[3]。因为这意味着你认为自己知道

---

[1] “波提狄亚、安菲波利斯和狄利乌姆”：这些是苏格拉底曾参与的三场重要战役。苏格拉底通过提到这些战役，展示了他在战场上的勇气和忠诚，进一步强调了他对职责的承诺。

[2] “害怕死亡或其他事情”：苏格拉底认为，因害怕死亡或其他危险而背弃自己的使命，是在违抗神谕。这一观点与古希腊的英雄观念相一致，即英雄应当不畏生死，忠于自己的使命。苏格拉底通过这种论点，试图表明他对神明的忠诚并不逊于其他人。

[3] “害怕死亡不过是认为自己知道自己所不知道的东西”：这是苏格拉底哲学的核心之一，即承认自己的无知是智慧的开端。苏格拉底在此批判了那些假装知道死亡本质的人，并将这种态度视为一种傲慢和无知。

死亡的本质，而实际上你并不知道。没有人知道死亡是什么，以及它是不是所有美好事物中最好的。然而人们害怕它，好像他们知道它是最可怕的事情一样。这种愚蠢的行为难道不应当受到指责吗？即相信自己知道自己并不知道的东西。至少，我在这方面做得比这里的大多数人都好。如果我声称自己比别人更智慧，那也只是因为：我知道自己对死亡和死后世界一无所知。但我知道违抗上级的指令，无论是神还是人，都是可耻的恶事。与那些我确知是恶的事情相比，我永远不会害怕或逃避那些我可能认为是善的事情。

阿尼图斯曾说，要么一开始就不让我接受审判，要是我被带上法庭，就必须处死我。他还向你们保证，如果我被无罪释放，你们的儿子们将追随苏格拉底的教导，并且会被彻底腐化。

若你们现在将我释放，不听从阿尼图斯的建议，或打算对我说：“苏格拉底，我们不会接受莫勒图斯的指控，决定释放你，但有一个条件——你不能再从事你的哲学探究，不能再继续你的哲学活动。若你再次从事这些，将被判死刑。”如果你们在这样的条件下释放我，我会回答你们：各位雅典人，虽然我敬重你们，但是我不会遵从你们的命令，而是按照神谕[1]，在自己还能呼吸和行走时，继续追求智慧，继续以我惯常的方式劝诫你们。

我会这样说：“你们是最优秀的人，作为雅典人，你们是这个因智慧和力量而备受尊崇的城邦的公民。你们怎么能够不以追求真理、升华灵魂为信念，而只是关心金钱、名誉和公众的荣誉呢？”如果你们当中有人对此提出异议，说他确实关心这些事情，那么我是不会让他立刻离开的。我会质疑他，审视他，检验他。如果他并不具备美德，却声称自己具备美德，我将谴责他把那些与美德相比毫无价值的东西看得比美德更重要。我会对所有我遇到的人这样做，无论是年轻人还是老人，是城邦公民还是外地人，但我尤其会对公民这样做，因为他们与我有更紧密

[1] “按照神谕”：苏格拉底在这里表达了他对神谕的坚定承诺。他认为他从事哲学活动不仅仅是个人的选择，而是神的命令，即要求他检验自己和他人。苏格拉底将他的哲学使命视为一种神圣职责，这赋予了他的行动超越世俗法律的正当性。

的联系。请相信我，这正是神的命令[1]。

我深信，在这座城邦中没有比我为神服务能给你们带来更大的好处了。我不做别的，只是劝说你们，无论是年轻的还是年长的，要关心灵魂[2]，而不是关注身体或金钱。我告诉你们，美德不是来自金钱，相反，金钱和一切人类得到的好处，无论是公共的还是私人的，都源于美德。如果我说这样的话就会腐化青年，那这才是真正在伤害他们。如果有人否定我说的这些，他就是在撒谎。

各位雅典人，是否相信阿尼图斯和释放我，都取决于你们。即使要多次面临死亡，我也不会做出其他

[1] "这正是神的命令"：苏格拉底不断强调他所做的一切都是神的命令，而非个人的行为。苏格拉底的这一观点与当时雅典的宗教观念产生了冲突，因为他声称自己直接受到神的指引，而不是依赖传统的祭司或神庙。

[2] "关心灵魂"：苏格拉底的哲学使命在于引导人们关注内在的美德，而不是外在的财富或名誉。苏格拉底通过这种教育方式，实际上是在挑战雅典的社会价值观。他认为真正的幸福来自灵魂的完善，而非物质的成功。

选择[1]。

各位雅典人，请不要打断我。遵从我的请求，不要打断我说的话，而是听我说完。事实上，我认为你们听了我说的话之后会有所收获。[2] 我将要告诉你们一些可能会让你们喊叫出声的事情，但请不要这样做。请相信，如果你们杀了我，而我确实如自己所言是那样的人，那么你们对自己的伤害会远远大于对我的伤害。[3] 莫勒图斯或阿尼图斯无法真正伤害我，他们不可能做到，因为这不符合神的意志——

---

[1]“即使要多次面临死亡，我也不会做出其他选择”：苏格拉底的这一声明展现了他对哲学使命的坚定不移。他认为追求智慧和美德的重要性已经超过个人的生死。苏格拉底的这种无畏态度使他成为古代哲学中勇气和道德的典范。

[2]苏格拉底在此表现出对自己辩护内容的强烈信心，并暗示听众（陪审团）将从他的发言中受益。苏格拉底并非单纯为自己辩护，而是试图通过这种方式让听众反思正义与哲学的意义。他的发言不仅仅是一场辩护，更是一次哲学的教诲。

[3]苏格拉底的这一声明体现了他的伦理观念，即真正的伤害并不是身体的伤害，而是道德上的堕落和对正义的背离。苏格拉底强调的“伤害”并不是外在的，而是指内在的道德腐化。柏拉图的理念与之相呼应，即灵魂的美德比肉体的生死更加重要。

我知道更好的人不可能被更坏的人伤害[1]。莫勒图斯也许可以杀死我，或将我流放，或者剥夺我的公民权，而他和其他人可能认为这些都是极大的邪恶。但我不这样认为。在我看来，最大的邪恶是像他现在这样，企图不公正地杀害一个人。[2]

所以，各位雅典人，我并不是像常人认为的那样在为自己辩护，而是在为你们辩护，以免你们错误地对待神赐给你们的礼物，投票反对我，判我死罪。[3] 如果你们杀了我，你们将很难再找到一个像我

---

[1]“更好的人不可能被更坏的人伤害”：这是苏格拉底对正义与道德的一种深刻信念。苏格拉底坚信道德上更高尚的人，即使在外在的条件下遭受苦难，内心也不会因此受损。相反，那些试图伤害他的人才是真正受损的，因为他们在道德上陷入了不义。

[2]这里苏格拉底提出了“做不义之事比遭受不义之事更糟”的观点，强调了道德责任的重要性。苏格拉底通过这一论述表明，不公正地判处他死刑对于雅典社会而言是更大的损失，而非他个人的损失。这种思维模式反映了古希腊哲学中的“灵魂高于生命”的理念。

[3]苏格拉底此处提出了一个不同寻常的论点，即他在为人们的灵魂辩护，而不是为自己的生命。这种论述方式完全颠覆了传统的审判逻辑，苏格拉底试图通过这种方式让陪审团意识到他们的道德责任。

这样的另一人。❶

夸张一点地说，这座城邦就如同一匹强壮而高大的马，这匹马因为体型过大变得迟钝，急需像我这样的牛虻来刺激它❷。神就这样把我“系”在了城邦上。我刺激你们，我说服你们，我责备你们，四处奔波，从不停歇。像我这样的人，你们不容易再遇到，如果你们听从我的劝告，就会饶恕我。❸ 但你们可能会像被从睡梦中唤醒的人那样生气，或者像莫勒图斯那样被说服，轻率地杀了我。❹ 然后你们将

❶苏格拉底将自己比作雅典的独特哲学家，强调了他在城邦中的特殊作用。苏格拉底在此将自己定义为一个不可替代的思想家，他的死亡将意味着雅典失去最宝贵的哲学资源。

❷“牛虻”是苏格拉底对自己哲学使命的形象化表达。这一比喻不仅展现了苏格拉底对雅典社会的批判性反思，也表明了他对推动市民进行自我反思的重要作用。通过这一形象，他强调了哲学家在社会中的责任——唤醒被传统和习俗“麻痹”的大众。

❸苏格拉底认为，如果社会不进行自我反思和哲学探讨，它将陷入迟钝和懒惰。这种观点在古希腊社会中是相当激进的，因为它强调了哲学家作为社会监督者的角色。

❹苏格拉底将自己可能被处死的处境比作被从睡梦中唤醒的人变得愤怒的情况。他认为雅典社会因为长期的懒惰和无知而对他的哲学探讨感到不满。苏格拉底在此批判了雅典社会对他这种“刺激”的反感，并暗示这种反感源于市民对自我反思的恐惧。

继续过着沉睡般的生活，除非神再派另一个人来照看你们。[1]

我就是神赐给城邦的礼物[2]。你们可以从下面的事实中看出这一点：我几乎不关心自己的事务，长期忽视自己的家事，只是为了劝诫你们，就像一个父亲或兄长劝诫自己的孩子一样，劝导你们关注美德。[3] 如果我从中得到了什么报酬，或者为了这些劝导向人索取报酬，那这种行为还可以解释得通。但你们自己也看到了，即使是那些以无耻手段指控我的人，也没有厚颜无耻地为自己提供证人，来证明

---

[1] 苏格拉底暗示他是雅典唯一的“牛虻”。如果他被处死，雅典社会将陷入长期的“沉睡”。苏格拉底对自己角色的这种定位是对雅典市民提出的严峻警告，表明如果失去像他这样的哲学家，整个社会将走向腐化。

[2] “神赐给城邦的礼物”：苏格拉底通过这一表达强调了他对雅典市民的使命和责任。苏格拉底将自己视为神的工具，这一观点反映了他对哲学使命的神圣理解。

[3] 苏格拉底将自己比作父亲或兄长，表明他不仅仅是一个批评者，也是一个关心雅典市民道德发展的导师。这种自我定位表明了苏格拉底对雅典城邦的深切关怀，并解释了他为何如此执着于哲学教育。

我曾经收取或索要报酬。❶ 我认为，我的贫困❷ 已经足以为我的言辞作证。

请不要因为我说出真相而生我的气。❸ 无论是对你们还是其他多数民众，若有人公然反对并阻止许多不公正和非法的事情在城邦中发生，他都是无法活下去的。❹ 那些想要为正义而战的人，哪怕只想活上一段时间，都必须选择私下去做这件事，而不是在公共场合做。

我将给你们提供一个有力的证明——不是通过言

---

❶这里苏格拉底反驳了对他贪图金钱或名誉的指控，强调他从未因劝诫他人而获取经济利益。这一论点展示了苏格拉底对哲学纯粹性的坚持，表明他对物质财富的轻视。

❷“我的贫困”：苏格拉底用他一生的贫困作为对其哲学事业的辩护，表明他从未通过哲学牟利。苏格拉底的贫困不仅仅是他个人的生活选择，也是他作为哲学家的道德证明。

❸苏格拉底在此提醒听众，他所说的“真相”虽然可能让人不快，但他仍然坚持发言，因为他认为真理胜过谄媚或逃避冲突。苏格拉底的这段发言体现了他作为哲学家对社会的责任，即使冒犯听众，他也要讲出自己认为正确的道理。

❹其他多数民众的提法非常重要，因为苏格拉底指出，任何试图反对不公正的行为，特别是那些由多数人推动的行为，都会受到严厉的惩罚。这段话表明苏格拉底对雅典民主制度中的潜在弊端的深刻批判——多数人的暴政可能导致正义被压制。

辞，而是通过你们所尊重的行动。听我说，我遇到的事可以让你们明白，我不会因为害怕死亡而向任何人屈服，哪怕因此被毁灭。我将告诉你们一个烦琐但真实的故事，尽管它涉及法律问题。各位雅典人，我除了曾是委员会成员，从未在城邦中担任过其他职务。当时，我们的部族——安提俄克斯当值主持，而你们决定集体审判在海战中未能收集战死士兵尸体的十位将军——这在当时来说是非法的，后来你们也都意识到了这一点。❶ 但当时，我是唯一一个投票反对你们违反法律行事的人。

当演说家准备弹劾我并试图逮捕我时，你们用呼喊鼓励着他们——我认为，即使要面对监禁或死亡，我也必须站在法律和正义这一边，而不是因害怕而与你们一起做出不公正的决定。❷ 这件事发生在

---

❶在这段话中，苏格拉底提到了他面对的不公正案件，这些事件后来成为他道德立场的象征。苏格拉底通过回顾自己的行为，展示了他一贯坚持法律和正义的原则，即使是在面对生命威胁时，他也不愿背弃这些原则。

❷苏格拉底在此强调，他宁愿冒着死亡的风险，也不愿意参与不公正的事情。这段话传达了苏格拉底坚定不移的道德立场——他认为，任何形式的生命风险都不值得为了做不义之事而妥协。

城邦仍在民主制时期。

然而当到了寡头制时期，三十僭主召集我和另外四个人去圆顶大厅，命令我们从萨拉米斯带回萨拉米斯人赖翁，以便处决他。他们命令其他许多人做这样的事情，企图通过这样的方式让更多的人卷入其中，和他们一起承担罪行。[1]

然而，当时我再次表明，死亡对我来说毫无意义；我真正关心的是不要做任何不公正或不正义的事情。[2] 尽管寡头政权非常强大，但我并没有因为害怕而做出不公正的事情。当我们离开圆顶大厅时，其他四人去了萨拉米斯并带回了赖翁，而我离开了，回了家。如果那时不是寡头政权很快被推翻了，我可能就被杀了。对于这些事情，许多人都可以作证。

---

[1] “三十僭主”是指公元前404年雅典被斯巴达击败后，由斯巴达支持的寡头政权。苏格拉底通过这一历史事件展示了他对正义的忠诚，尽管面临极大的政治压力，他依然坚持不参与不公正的事情。苏格拉底对赖翁事件的描述进一步表明了他在极端环境下的道德勇气。

[2] 苏格拉底这里强调了他对正义的追求，胜过对生死的关心。这句话体现了苏格拉底哲学中“德性至上”的观点，即外在的惩罚或奖励都不能影响一个人对美德和正义的追求。

那么，如果我一直参与公共事务，且表现得像一个正直的好人那样为正义而战，你们认为我还能活这么大岁数吗？绝不可能，各位雅典人。❶ 不仅是我，任何其他人也是如此❷。在我的一生中，我总是表现得像这样的人——在我参与公共事务时如此，在私人事务中也是如此。我从不因怕谁而屈服于不义，无论是面对他人，还是那些被恶意称为我的学生的人。事实上，我从未做过任何人的老师。如果在我讨论自己的事务时，有人，年轻的或年长的，愿意听我说的话，我从不拒绝他们。❸ 我也从不收费，只是单纯地与人交谈。

无论是对富人还是穷人，我都愿意做一个问题

---

❶苏格拉底在此表明，如果他长期参与公共事务，恐怕早已因其坚持正义而遭到生命威胁。这段话是苏格拉底对雅典政治环境的批评，认为正义与政治的现实难以共存。

❷“不仅是我，任何其他人也是如此”：苏格拉底通过这一普遍化的论断，强调了正义的哲学家在现实政治生活中的脆弱性。这段话体现了苏格拉底对道德与政治冲突的深刻认识。

❸苏格拉底在此否认了他作为教师的身份，进一步表明他不是为了教导他人，而是为了追求真理。这段话中苏格拉底所表明的“非教师”立场，是他拒绝成为任何权威或学派代表的象征，强调了哲学家应当是独立的探索者，而非权威的传道者。

的提出者。如果有人愿意回答，他便能听到我对这些问题的看法。[1] 至于这些人变恶还是变善，我都不应负有任何责任。我从未承诺给予任何人教育，也没有教导过任何人。如果有人说他从我这里学到了什么，或者在私下听到了别人没有听到的东西，那么你们可以确信他没有说实话。[2]

那么，为什么有些人乐于花那么多时间和我交往呢？各位雅典人，我已经告诉你们了，因为他们喜欢看到那些自以为有智慧却并非如此的人被质询。毕竟，这挺有趣。而我自己，正如我所说的那样，是神命令我做这些的——通过神谕、通过梦境，通过

---

[1] 苏格拉底在此强调了他并非以教师自居，而是作为一个提问者引导他人进行思考。他与听众的关系并非传统的师生关系，而是通过对话进行哲学探讨。苏格拉底的提问方式（即所谓的“苏格拉底式问答法”）在此得到充分体现，他并不传授知识，而是引导他人通过自我反思来发现真理。

[2] 苏格拉底在这里直接反驳了莫勒图斯的指控，即他从未承诺给予任何人正式的教育，也从未教导过任何人。如果有人声称从他那里得到了独特的知识，那就是在撒谎。苏格拉底通过这一论点，进一步强调了他不是传统意义上的教师，因此不能对所谓的“腐化青年”负责任。

神命令人们去做某些事情时用的所有方式[1]。各位雅典人，这些既真实又容易验证。

如果我确实在腐化一些青年，并且已经腐化了，那么一定有一些人现在已经长大成人，意识到我在他们年轻时引导他们走向了邪恶，现在他们应该站出来指控我并要求惩罚我。如果他们不愿意这样做，那么他们的亲属——父亲、兄弟或其他亲属，必然会记得并要求惩罚我，假如他们的亲人因我而受到了伤害。[2]

当然，这里有很多这样的人，我看到他们现在就在场。首先是克里托，他和我同龄，来自同一个区，他是克里托·布鲁斯的父亲；然后是斯菲图斯的尤萨尼亚，他是埃斯基涅斯的父亲；接着是凯菲索斯的安

---

[1] 苏格拉底提到他通过“神谕”“梦境”等神圣的指示行事，这暗示了他在进行哲学探讨时感受到的神圣使命。苏格拉底在此不仅是为自己辩护，更是在强调他的哲学实践是出于对神的忠诚，而非个人的欲望。

[2] 苏格拉底通过这一段论证，展示了莫勒图斯指控的虚伪性。如果他真的腐化了青年，那么这些青年长大后应该会站出来指控他；如果他们不这样做，那他们的亲属至少应该为此要求惩罚苏格拉底。苏格拉底通过逻辑反驳，强调了缺乏实际证据的指控是站不住脚的。

提丰，他是伊皮杰尼斯的父亲。❶ 还有其他人的兄弟也参与了这个活动。其中有尼科斯特拉托斯，他是提欧·佐提德斯的儿子，提欧·多图斯的兄弟。提欧·多图斯已经去世，因此不可能左右他。帕拉鲁斯，他是德莫科库斯的儿子，他的兄弟是忒阿格斯。❷ 还有阿德曼托斯，他是阿里斯顿的儿子，柏拉图的兄弟；还有阿恩托·多洛斯，他是阿波罗·多洛斯的兄弟。❸ 我可以列出许多其他人，至少莫勒图斯在他的发言中应该提供一些这样的证人。如果他当时忘记了，那现在让他提供——我愿意让出时间——让他来证明是否有这样的证人。

---

❶苏格拉底列举了一些他所谓的“证人”，这些证人中包括著名的雅典公民的亲属。他通过这些例子，表明那些接触过他的青年人的亲属并没有指控他，反而愿意支持他。这表明苏格拉底在雅典社会中的影响力，并展示了他与这些著名家庭的紧密联系。

❷苏格拉底提及尼科斯特拉托斯等人，表明他与这些雅典著名家庭的成员保持着紧密的交往，然而他们并未指控表明他腐化了他们的亲属。苏格拉底通过这一论点证明了自己行为的正当性，并反驳了莫勒图斯的指控。

❸苏格拉底在此提到柏拉图的兄弟阿德曼托斯，进一步强调了他与这些著名雅典家族的联系。苏格拉底通过这一系列例子，展示了他在雅典社会中的影响力，并质疑莫勒图斯为何不能提供任何实际证据来支持他的指控。

你们会发现事实恰恰相反，各位雅典人，他们中的每一个人都愿意帮助我。那些“被我腐化的人”可能有理由帮助我，但他们的亲属是年长的人，没有被腐化，他们为什么要支持我？除非这符合正义和公平，因为他们知道莫勒图斯在撒谎，而我在说真话。[1]

---

[1] 苏格拉底在此强调，支持他的这些人并没有被腐化，他们站在正义和真理的一边，反映出他们相信莫勒图斯在撒谎，而苏格拉底才是真正说真话的人。苏格拉底通过这一结论，进一步强调了正义和真理在他辩护中的核心地位。

结束陈述

各位雅典人，我的辩护就这些[1]，或许还有几句类似的话要说。或许你们中的一些人想起自己的行为时会感到不悦，因为当你们被指控较轻罪行时，你们曾在法庭上乞求雅典人，眼泪汪汪地恳求，并带着孩子、亲属和一大群朋友，希望博得更多的同情[2]；而我不会这样做，尽管我现在好像正处于极大的危险中。也许有人因此会对我产生反感，愤怒地

---

[1] “我的辩护就这些”：苏格拉底结束陈述表明，他的辩护已接近尾声，但他依然强调正义与个人操守的重要性。苏格拉底的辩护并不是为自己求生，而是捍卫他作为哲学家的道德立场。

[2] “博得更多的同情”：苏格拉底批评那些在法庭上通过带亲属和孩子来博取雅典人同情的行为。这表明他对正义的坚持，而不是利用情感手段来逃避惩罚。这种批评反映了苏格拉底将坚持正义作为崇高理想，他认为正义不应通过情感操纵来达成。

投下反对我的票[1]。

如果你们中有谁这样做了，虽然我并不期待，但如果是这样，我想我应该说："我的朋友，我也有亲属啊。"正如荷马所说，我不是"由橡木或岩石"生成的，而是凡人所生，我也有亲人。各位雅典人，我还有三个儿子，一个已经是少年，另外两个还年幼。然而，我没有让他们来到这里[2]，我也不会乞求你们赦免我。为什么？并非是我顽固，各位雅典人，也不是因为我对你们不敬[3]。

至于我是否无惧死亡，那是另一个问题。我认为，我的荣誉、你们的荣誉以及整个城邦的荣誉都

---

[1] "愤怒地投下反对我的票"：苏格拉底警告说，某些陪审员可能会因为他不采取常见的乞求方式获得他们的支持而对他产生愤怒，从而投下反对票。苏格拉底认识到他对常规做法的挑战可能会激起不满，但他依然认为哲学家应当坚持自己的原则。

[2] "没有让他们来到这里"：苏格拉底拒绝利用亲情来博取雅典人的同情，这展示了他对正义与道德的高度忠诚。苏格拉底的这一举动表现了他与众不同的品行，强调了他不愿意通过任何非正当手段来影响审判。

[3] "并非是我顽固……也不是因为我对你们不敬"：苏格拉底强调，他并非因为固执或对陪审团不敬而不乞求赦免，而是因为他认为这种行为与正义不符。这段话进一步突显了苏格拉底对正义和美德的崇高追求。

会因为我的这种行为而受损。我已到了这个年纪，而且拥有智慧的名声——不论这个名声是真是假，我在某些方面都被认为比大多数人更为卓越[1]。如果那些以智慧、勇气或其他任何美德著称的人如此行事，那将是极为可耻的[2]。

我多次看到这种人，当他们面临审判时，表现得让人难以置信，尽管他们有名誉要维护，却因害怕被判死刑而失态——好像你们如果不杀他们，他们就会永生似的[3]。

我认为，这种行为让整个城邦蒙羞，以至于外来的人可能会认为，雅典那些被认为在美德方面更

---

[1]“卓越”：苏格拉底在此提到自己在雅典社会中的声望，表明他对自己的道德责任有深刻的认识。苏格拉底通过提及自己的声望，暗示他必须以高标准行事，以免玷污他所代表的哲学理想。

[2]“可耻的”：苏格拉底批评那些以美德著称的人在法庭上失去尊严，表现得很软弱。这种批评旨在提醒听众，真正的美德不应仅仅体现在日常生活中，更应在危难时刻彰显。苏格拉底在此明确指出了雅典社会对美德和声望的高要求。

[3]“他们就会永生似的”：苏格拉底在此讽刺了那些惧怕死亡的人，认为他们的行为很愚蠢，仿佛他们如果能够避免被判死刑就能获得永生。苏格拉底对这些人的批评反映了他对死亡的独特看法，即死亡并不是最可怕的事情，真正可怕的是失去美德。

为卓越的男人，并没有比妇女更优秀[1]。这些事情，各位雅典人，那些有声誉的人不应做。如果我们这些被告[2]这样做了，你们也不应允许它发生。

你们应该清楚地表明，宁愿投票反对那些在法庭上装可怜的人，也不投票反对那些冷静、克制的人[3]。然而，除了声誉问题，各位雅典人，我认为向雅典人乞求或通过乞求获得赦免是不正当的[4]。相反，正确的做法是教导和说服雅典人。雅典

---

❶“比妇女更优秀”：苏格拉底在此使用性别比喻，批评那些因害怕死亡而失态的男人。这种说法反映了古希腊社会对男性勇气和克制的高要求，同时也揭示了苏格拉底对那些表现出软弱的男人的轻蔑。

❷“我们这些被告”：苏格拉底提醒陪审团，他们作为雅典人，有责任确保审判的正义，不应因为被告的乞求而被情感左右。苏格拉底的这一论点进一步强调了法庭应该是正义的场所，而不是任由感情操纵的舞台。

❸“冷静、克制的人”：苏格拉底强调，真正的美德在于面对危险时的冷静和克制，而不是在危难中失态。苏格拉底在此强调了他对美德的理解，即美德不仅仅在于日常生活中的行为，更在于如何面对生死考验。

❹“通过乞求获得赦免是不正当的”：苏格拉底的这一声明明确了他对正义和法律的看法。他认为，审判应基于法律和道德，而不是由感情操纵或乞求来达成。这段话展示了苏格拉底对法律公正性的强烈信念，反映了他对法律程序的尊重。

人不是为了施舍恩惠而坐在这里，而是为了公正的判决。[1]

[1] 苏格拉底在此提出了他的辩护应通过说理和教育来达成，而不是乞求。这段话体现了苏格拉底对法律和真理的信仰，他认为陪审团应该依据真理做出决定，而不应受到情感的影响。

反罚提议

各位雅典人，我并不因你们投票反对我而生气，因为这在我意料之中。我更惊讶的是两边票数的接近，我原以为谴责的票数会更多。然而，似乎只要三十票改投，我就会被判无罪。如果只有莫勒图斯反对我，那么我现在可能已经被判无罪了。如果不是阿尼图斯和吕孔前来指控我，莫勒图斯将因无法获得五分之一的票数而被罚款[1]一千德拉克马。

现在，莫勒图斯要求法庭对我处以死刑。那么，我应提出什么来替代惩罚呢，各位雅典人？显然，我应当提出一个合乎品行的惩罚，但应该是什么呢？

[1]“如果不是阿尼图斯和吕孔前来指控我，莫勒图斯将因无法获得五分之一的票数而被罚款”：当时雅典法律规定，如果原告未能获得至少五分之一的陪审团成员的支持，他将面临处罚。苏格拉底认为，莫勒图斯的指控在没有其他人的支持下是站不住脚的。

我没有像大多数人那样平庸地度过我的一生，没有追求财富、财产、军功、公共荣誉或官职，也没有参与城邦中不断涌现的秘密社团或政治俱乐部。[1] 因为我知道自己过于理性和克制，如果涉足这些事情就无法侥幸活下来。我没有去那些地方，我既无法为你们，也无法为我自己带来好处；相反，我选择在私下与每个雅典市民交谈，试图劝说你们首先关心自己，尽可能变得善良和智慧[2]，不要过多关注自己的财富或城邦事务，而应首先关注城邦本身。

那么，对于我这样一个人来说，我应得的惩罚是什么呢？各位雅典人，如果惩罚确实应按照品行来决定，那么我应得到某种奖励。我应当得到什么呢？一个贫穷的人为城邦做出了巨大的贡献，并且

---

❶苏格拉底强调他未参与雅典社会中常见的政治或经济活动，这反映了他对哲学追求的专注。苏格拉底通过这种对比，展示了身为哲学家的他与雅典普通市民的价值观的对立。

❷“首先关心自己，尽可能变得善良和智慧”：这是苏格拉底哲学的核心，即个体应首先追求自我完善，而不是被外在的财富或荣誉驱使。苏格拉底的这一观点反映了他对道德与智慧的高度重视。

需要在空闲时继续劝诫你们[1]。各位雅典人，对于这样一个人来说，最适合的惩罚就是由城邦在普里坦宴会[2]上宴请他，这远比宴请那些在奥林匹克赛马比赛中获胜的人更适合。

也许你们中的一些人会认为我这样说是信口雌黄，就像我之前提到眼泪汪汪地恳求和乞求一样。然而，事实并非如此。各位雅典人，虽然确实有类似的事情：我相信自己并没有故意伤害任何人，但我无法说服你们，因为我们的交谈时间太短了[3]。如果像其他城邦那样，法律规定涉及死刑的案件不得

---

[1]“在空闲时继续劝诫你们”：苏格拉底认为他的哲学活动是对城邦的服务，这需要城邦为他提供支持。苏格拉底在此提出了他作为哲学家的社会职责，认为他对市民的教育是对雅典的最大贡献。

[2]“普里坦宴会”：参加普里坦宴会是雅典最高荣誉之一，通常授予为城邦做出重大贡献的人。苏格拉底的这一提议，讽刺性地表明他应得到比奥林匹克冠军更高的奖励。这反映了苏格拉底对他哲学贡献的高度自信。

[3]“时间太短了”：苏格拉底在此强调了他与陪审团对话的局限性，认为他们没有足够的时间理解他的论点。苏格拉底暗示，如果有更多的时间，他的辩护将更加有效。

在一天内做出决定[1]，那么你们或许会被我说服；但目前而言，我要在如此短的时间内消除积累已久的诽谤是不容易的。

既然我坚信自己没有伤害任何人，我也不愿意伤害自己，或者声称自己应得某种恶报，并提出任何类似的惩罚，我还有什么害怕的吗？我害怕莫勒图斯提出的惩罚吗？我已经说过，我不知道它是好是坏。难道我应选择一个我明知是坏的惩罚吗？或许是监禁[2]？但为什么我要活在监狱中，成为“十一人委员会”的奴隶呢？

那么，罚款呢？把我关押起来，直到付清罚款？但对我来说，这些并没有什么区别，因为我没有钱来支付罚款[3]。那我应该提议流放吗？也许你们会接

---

[1] “涉及死刑的案件不得在一天内做出决定”：苏格拉底在此指出了雅典司法系统的一个潜在缺陷，即在短时间内决定如此重大的案件可能会导致不公正的结果。苏格拉底通过这一论点试图质疑审判的公正性。

[2] “监禁”：苏格拉底拒绝了以监禁作为惩罚，认为成为“十一人委员会”的奴隶是不值得的。十一人委员会负责执行死刑和监禁。苏格拉底在此表达了他对自由和正义的高度重视。

[3] “没有钱来支付罚款”：苏格拉底再次强调了他贫穷的现状，这与他对物质财富的轻视相一致。这一论点表明了苏格拉底的生活方式与雅典普通市民的价值观存在巨大差异。

受这个提议，但这样我也太懦弱了！我难道不明白吗？你们这些本国公民都无法忍受我的追求和讨论，觉得这些如此沉重和令人厌烦，以至于你们现在想摆脱它们。难道其他城邦的人会轻易接受吗？❶

不，各位雅典人。如果我到了这个年纪还要流亡，从一个城邦搬到另一个城邦，一直被驱逐，那生活也太“好”了。请你们相信我，无论我去到哪里，年轻人都会像这里的一样，倾听我所说的话；❷如果我拒绝他们，他们的父亲和亲属会替他们赶走我。

或许有人会说：“苏格拉底，如果你保持沉默，不再发表言论，你不就能过流亡生活了吗？”但这恰恰是最难让你们中的一些人相信的事情。如果我说，

---

❶苏格拉底拒绝了流放的提议，认为无论他到了哪里，他的哲学追求都会引发同样的敌意。他预见到，即使他被流放到其他城邦，年轻人仍会被吸引来听他讲课，而他们的亲属最终也会反对他。苏格拉底在此展现了他对哲学活动不可或缺的信念。他认为无论他身处何地，哲学讨论都将继续。

❷“年轻人都会像这里的一样，倾听我所说的话”：苏格拉底相信他的哲学吸引力不仅仅限于雅典，这种吸引力是全球性的。苏格拉底认为无论走到哪里，他的哲学讨论都会继续引起争议，并且他将不得不面对来自其他地方的敌对情绪。

我不能这样做，因为这样做就等于违背神的旨意❶，所以我不能保持沉默。你们不会相信我，因为你们会认为我是在狡辩。如果我说作为人类最大的好处就是每天都谈论美德和其他问题，谈论我审视自己和他人言论时提及的事情，并且说未经反思的生活是不值得人活的❷，你们会更加不相信我所说的话。

虽然事情的确如此，但各位雅典人，要让你们相信这些并不容易❸。同时，我并不认为自己应当遭受任何恶果。如果我有钱，我会提议支付我能承担的罚款，因为这样做没有任何害处。但事实是，我没有钱，除非你们愿意接受我能支付的数额。我或

---

❶“违背神的旨意”：苏格拉底声称，保持沉默等于违背神的旨意。他将自己对哲学的奉献视为神圣使命。苏格拉底通过将哲学追求与神的旨意联系起来，进一步强调了他对哲学的坚定信念。

❷“未经反思的生活是不值得人活的”：这是苏格拉底的名言之一，强调了他对批判性思维和自我反省的重视。苏格拉底认为，哲学生活的本质在于不断反思和探讨美德，这使得人类生活具有真正的价值。

❸“让你们相信这些并不容易”：苏格拉底认识到，他的哲学观念难以被大多数人接受，尤其是在审判中面对的陪审团。苏格拉底在此表达了他对一般大众接受哲学思想的怀疑，同时也暗示了审判的不公正。

许可以支付一米纳银币❶，所以，我提议将罚款定为这个数额❷。

不过，各位雅典人，柏拉图、克里托、克里托布鲁斯和阿波罗多罗斯❸让我提议三十米纳，并且他们将为我作保。因此，我提议这个数额。他们有足够的金钱，可以为此担保。

---

❶“我或许可以支付一米纳银币”：苏格拉底再次强调了他的贫穷，并提出支付他所能负担的罚款，这与他对财富的轻视相一致。苏格拉底的这一提议再次表明他对物质财富的漠视。这也是对自己的一种调侃。

❷“提议将罚款定为这个数额”：苏格拉底最初提议以一米纳作为罚款，但他很快就改变了提议，在朋友的帮助下提出更高的数额。这反映了苏格拉底虽然拒绝通过求情来影响审判，但依然愿意遵守陪审团的判决。

❸“柏拉图、克里托、克里托布鲁斯和阿波罗多罗斯”：苏格拉底提到他的朋友柏拉图和其他支持者愿意为他作保，显示了他与这些年轻的雅典公民之间的紧密联系。这一提议进一步表明了苏格拉底在雅典社会中的影响力，以及他的学生对他的忠诚。

结语

苏格拉底：各位雅典人，你们也许会因这段短暂的时光而被那些想要毁掉城邦的人指责为杀害了一位智者——苏格拉底。即使我不认为自己是这样的人，那些想要指责你们的人也会这么说。你们只需再多等一些时间，这件事便会自然发生。你们看一下我的年纪，我的生命已所剩无几[1]，我已经离死亡非常近了。

我下面说这些并不是对你们所有人说的，而是对那些投票判我有罪的人说的。我要对他们说：各位雅典人，你们可能认为，我之所以被定罪，是因

[1] "生命已所剩无几"：苏格拉底提到自己的年纪和生命即将结束，以此表明他的死期本来就不远了，若陪审团稍加等待，他自然会死去。苏格拉底借此强调了陪审团的急躁和他们决策的短视。

为我无法说服你们，好像我只要说一些让你们高兴的话就能被判无罪一样。其实，事实并非如此。

确实，我因无法说服你们而被定罪，但不是我不善言辞，而是不够无耻，不愿说出那些你们认为会令你们愉快的事情，不愿哭泣、哀求，做那些不符合我品性的事，然而你们却习惯于从别人那里听到这些事。[1] 我认为没有必要因为身处险境就做任何一个自由人都不该做的事情。现在我也不后悔以这种方式进行我的辩护。我宁愿以这种辩护方式死去[2]，也不愿以另一种方式活下去。

无论是在法庭上，还是在战场上，我或任何人都不应该不择手段地逃避死亡。在战斗中，一个人可以通过丢弃武器、向追赶他的人求饶来逃避死亡。不论处于哪种危险中，都能用许多这样的方法来逃

---

❶苏格拉底拒绝使用让陪审团愉快的言辞或行为来博取同情。他认为，哭泣和哀求与自己的品性不符。苏格拉底以此表达了他对道德和荣誉的坚定信念，即便面临死亡，他也不会违背自己的原则。

❷“宁愿以这种辩护方式死去”：苏格拉底宁愿坚持自己的辩护方式，即使这意味着死亡。他的这种选择反映了他对正义和真理的坚定追求。苏格拉底通过这一声明表明，他宁愿有尊严地死去，也不愿意向世俗妥协。

避死亡，只要一个人有足够的胆量去做任何事情。逃避死亡并不难，各位雅典人，逃避邪恶才是更难的事情，因为邪恶比死亡跑得更快。❶

而我现在年老体衰，已被跑得较慢者——死亡逮住。但我的控告者们聪明且敏捷，他们被跑得更快者——邪恶逮住了。现在我被你们判处死刑，而他们却被真理判处不义和邪恶之罪❷。我接受我的惩罚，他们也应接受他们的❸。这显然是应当的，我也认为这是合适的。

接下来，我想对那些判我有罪的人做一个预言。因为我已经到了人们最具预言力的时刻——当他们

---

❶"逃避邪恶比逃避死亡更难"：这是苏格拉底的一个重要的哲学命题。他认为死亡并不可怕，真正可怕的是道德上的堕落和不义。苏格拉底在这里表达了他对生命和死亡的看法，认为追求道德和正义比逃避死亡更重要。

❷"他们却被真理判处不义和邪恶之罪"：苏格拉底在此使用比喻，表明他的控告者们虽然赢得了审判，但他们无法逃避正义的审判。这一比喻显示了苏格拉底相信正义最终会取得胜利。

❸"我接受我的惩罚，他们也应接受他们的"：苏格拉底在这里强调，他愿意接受判决，因为他相信正义和真理最终会裁决所有人，包括那些不公正地控告他的人。这一陈述，表现了苏格拉底对命运的接受及对不义者的谴责。

即将死去时。我对那些判处我死刑的人说：在我死后，你们将面临比你们对我施加的惩罚更加难以承受的惩罚[1]。你们一定认为这样做可以摆脱我对你们生活的审视。然而，我告诉你们，结果将会完全相反。那些来审视你们的人将更多，一直以来，我都在约束他们[2]，虽然你们没有意识到。他们会更加严厉，因为他们年轻，你们将更加难以应对。如果你们认为通过杀人就可以逃避你们应该受到的指责——你们没有正当地生活，那么你们就大错特错了。这样的解脱既不可能，也不光彩。最光荣和最简单的解脱不是压制别人，而是好好照顾自己，努力做到

---

❶“更加难以承受的惩罚”：苏格拉底预言，那些判他死刑的人将面临比他死亡更大的惩罚。这种预言不仅是对陪审团的警告，也是对他们道德堕落的预言。苏格拉底通过这一预言表明，正义的报应将降临在那些判他死刑的人身上。

❷“我都在约束他们”：苏格拉底认为他在生前已经通过他的哲学讨论抑制了一些对雅典更严厉的批评者。他的死亡将导致更多的人站出来审视和批评雅典的道德缺失。苏格拉底在此强调了他作为社会批评者的角色，他的死将会让更多的年轻人继续这种批评。

尽可能善良[1]。这是我对那些投票判我死刑的人的预言，我先走了[2]。

至于那些投票判我无罪的人，趁着领导们忙碌且我还未被带走执行死刑的这段时间，我愿意与你们讨论发生了什么事情。请与我一起待一会儿，各位雅典人，因为现在还没有什么阻止我们在这段时间里继续交谈[3]。

作为我的朋友们，我希望向你们揭示这件事对我的意义。在我身上发生了一件奇异的事情，雅典的“法官”们，我要正确地称呼你们为法官。神谕总是出现在各种事上，哪怕是一些琐碎的事情，如

---

[1] “努力做到尽可能善良”：苏格拉底主张，最好的解脱不是通过压制他人，而是通过自我反省和道德改进来获得。苏格拉底在这里倡导的是一种内省的生活方式，强调道德的提升比外在的惩罚更为重要。

[2] “我先走了”：苏格拉底的这一告别语气庄重且充满预言性，表明他对死亡的接受以及对未来正义报应的信心。这一告别展现了苏格拉底对真理的坚定信念，以及对命运的坦然接受。

[3] “我们在这段时间里继续交谈”：苏格拉底向那些投票判他无罪的人提出继续讨论的邀请，表明即使在生命的最后时刻，他仍然愿意进行哲学对话。苏格拉底始终将哲学对话视为最有价值的活动，即使面对死亡，他也不愿放弃这一追求。

果我将要犯错，它也会阻止我。然而，今天发生了一件你们也看到了的事情，某些人可能认为——实际上确实有人认为——这是最大的恶事。但是今天早上当我离开家时，神谕并没有阻止我，到了法庭上或在我辩论的任何时候，我将要说的话也没有被阻止。而在其他辩论中，神谕曾经在我说话时阻止我；但今天，无论是我做了什么，还是说了什么，它都没有反对我。你们知道我为什么这样认为吗？我来告诉你们，这很可能是因为发生在我身上的事情是好的，而那些认为死亡是恶事的言论是错误的。神谕没有阻止我❶，正是因为我在以某种方式为善而行。

让我们进一步思考为什么我们应该对死亡抱有希望。死亡会导致下面两种结果之一：要么死亡后就不再存在，没有任何意识；要么，正如传说所说，死亡是一种转变，是灵魂从一个地方迁移到另一个地方。如果死亡后没有了意识，就像一种没有梦的

❶“神谕没有阻止我”：苏格拉底认为，他没有受到神的预兆的阻止，是因为他正在以善为行为准则。他将神谕解释为支持他言行的证明，暗示他的死亡并不是邪恶的事情。他通过这种论证来表明对死亡的接受以及对神谕的信任。

睡眠[1]，那么这将是十分美好的事。如果让一个人要挑选出他生命中的某个夜晚，将他的其他夜晚与这个夜晚相比，看看有多少夜晚比这个无梦的夜晚更好、更甜美，那么我想，不仅普通人会发现这样的日子很少，甚至波斯王也会发现这样的日子很少。如果死亡是这样，我觉得这是好事。因为这样一来，整个时间便如同只有一个夜晚[2]。

但如果死亡像是一场旅程，灵魂从一个地方迁移到另一个地方，传说中的故事都是真的，那么我的法官们，还有什么比这更好的呢？因为如果一个人去了地狱，离开了那些声称是法官的人，他会找到真正的法官——米诺斯、拉达曼迪斯、艾亚科斯、提瑞普托勒摩斯和其他曾维护正义的半神。这样的旅程难道没有价值吗？再者，见到俄耳甫斯、穆赛

---

[1] “没有梦的睡眠”：苏格拉底使用“没有梦的睡眠”作为类比，来说明死亡如果是一种没有意识的状态，那么它将是令人愉悦的。这种类比反映了苏格拉底对死亡的非传统看法，他认为死亡并不是一种令人恐惧的状态。

[2] “整个时间便如同只有一个夜晚”：苏格拉底通过将死亡与一个无梦的夜晚相比，进一步暗示了死亡带来的平静与解脱。这一比喻突显了苏格拉底对死亡的坦然接受，认为死亡并不意味着痛苦。

欧、赫西俄德和荷马，又有谁不愿意呢？至于我，若这些都是真的，我至少愿意为了这些事情死上很多次[1]。

我若遇见帕拉梅德、忒拉蒙的儿子埃阿斯，以及其他被不公正的裁决所杀的古人，我会将我的经历与他们的相比。我想，这不会无趣[2]。但最伟大的事，毫无疑问，是在那里我可以像在这里一样检验和质问那些人：谁是真正有智慧的人？谁自以为聪明，其实却不然？我想，能够审视曾率大军攻打特洛伊的人，或者奥德修斯、西西弗斯，或者其他成千上万的男人和女人，与他们对话、与他们交往，

---

❶“愿意为了这些事情死上很多次”：苏格拉底表达了他对与古代英雄和诗人交谈的渴望，甚至愿意为此多次赴死。苏格拉底的这些愿望展示了他对哲学活动的极大热情和对死亡的坦然态度。

❷“不会无趣”：苏格拉底暗示，与这些古代人物对话不仅不会无趣，反而会是一次有意义的追求。这展示了他对哲学讨论的热爱。苏格拉底通过这种幽默的表达方式，表明了他对哲学活动的无限热情。

审问他们，这是难以想象的幸福[1]。特别是，在那里他们不会因为这种对话而杀你。他们比这里的凡人更为幸福，在那里他们已经获得了不朽的地位[2]，如果传说都是真的的话。

你们也应该对死亡充满希望，我的法官们。你们必须认识到这件事是真理：对一个好人来说，无论生或死，都没有恶事发生，神明不会忽视他们。现在发生在我身上的事情并不是偶然的。对我而言，死去并从我的事务中解脱出来是更好的事情。这就是神谕没有阻止我，我对那些判我有罪的人或控告我的人没有丝毫的怨恨[3]的原因。尽管他们并非出于

---

[1] “难以想象的幸福”：苏格拉底认为，在死后能够与这些智慧的人物进行讨论和检验，将是极大的幸福。苏格拉底通过这种理想化的描述，展示了他对死后生活的乐观态度，认为哲学对话将持续到死后世界。

[2] “在那里他们已经获得了不朽的地位”：苏格拉底进一步论证了死后世界中生命的永恒和幸福，他认为那些已故的正义之神和英雄已经获得了不朽。这一说法不仅表现了苏格拉底对死后生命的信念，也表明了他对正义和美德的追求。

[3] “我对那些判我有罪的人或控告我的人没有丝毫的怨恨”：苏格拉底在最后表明他对审判结果的坦然接受，并对那些判他有罪的人表达了宽恕。苏格拉底通过这一声明，展示了他在面对不公时的宽容和大度，同时也表现了他对命运的顺从。

这样的目的来控告和定我的罪。

他们以为这样可以伤害我，因此他们应受到指责。但我仍然有一个请求，愿他们答应：当我的儿子们长大成人时，各位雅典人，请对他们施加惩罚[1]，正如我对你们施加了压力一样。如果你们发现他们在乎财富或其他事物甚于美德，请给他们同样的教训。如果他们表现得像是有价值的人，实际上却一无是处，那就像我指责你们一样责备他们，因为他们不关心真正重要的事物，因为他们自以为是，实则毫无价值。如果你们这样做，那么我和我的儿子们都将得到正义的对待。

现在到了我们分别的时刻——我要去死，而你们

[1] "对他们施加惩罚"：苏格拉底希望，若他的儿子们将来表现出与道德和美德相违背的行为，雅典人能够如他对待他们那样，予以他的儿子们严厉的批评。这一请求表明了苏格拉底对道德教育的高度重视，他希望他的儿子们能够接受同样的批判和道德标准。

要继续活着。我们谁会去往更好的地方[1]，除了神之外，无人能知晓。

[1]“谁会去往更好的地方”：苏格拉底在这里再次展示了他对死亡的坦然态度，并强调了人类对死后命运的未知。他对死亡与生存的对比表现出一种哲学家的淡然，以及对命运的顺从。苏格拉底在这里表达了自己的谦卑，认为只有神才知道死亡是否真的是更好的结局。

克里托篇

题解

《克里托篇》是柏拉图的“对话录”之一，记录了苏格拉底在被判处死刑后与他的朋友克里托的讨论。对话的核心主题是正义、义务和遵守法律的必要性，展现了苏格拉底在生命的最后阶段仍然坚持他的伦理信念和哲学原则。

故事发生在苏格拉底被判处死刑后，他在等待执行毒酒之刑的牢房中。克里托是苏格拉底的挚友，前来探访，并试图劝说苏格拉底逃亡。克里托提出，朋友们已经安排好了一切，准备帮助他逃出雅典。然而，苏格拉底并不接受这一提议。整个对话围绕着苏格拉底是否应逃离这一问题展开。

克里托从个人角度劝说苏格拉底逃跑。他提到，苏格拉底的死将是朋友们的巨大损失，公众会认为朋友们没有尽力去帮助苏格拉底，这将损害他们的名誉。此外，苏格拉底若死去，将失去抚养和教育孩子的机会。克里托试图通过这些理由打动苏格拉底，希望他能为自己和朋友们考虑，选择逃亡。

然而，苏格拉底从哲学的角度回应，强调应当遵循正义，而不是屈服于民众的看法或情感。他认为，真正重要的不是逃避死刑，而是做正义的事，不论结果如何。他指出，民众的看法并不重要，关键是听从那些懂得正义、和善的人的意见，也就是听从理性和法律的声音。

在对话的最后，苏格拉底通过拟人化的“雅典法律”的声音来论证他拒绝逃亡的理由。他认为，法律和国家就像父母一样培养了他，他作为公民，已经同意遵守这些法律。选择逃亡将是对国家和法律的背叛，这破坏了他对法律的承诺。苏格拉底相信，一个正义的人不能因为受到不公的对待就去做不义之事，即使面对不公正的判决，他也必须服从法律。

这些对话突显了苏格拉底对正义与法律的深刻

见解。在他看来，遵守法律是公民的义务，即使法律可能不公，也不能因此反抗它。公民对国家和法律有责任，因为他们从中受益。苏格拉底坚持认为，行不义之事是恶行，即使面对不公，也不能以不公回报不公。这种不妥协的道德立场，反映了他对善恶的认识。

通过《克里托篇》，柏拉图探讨了苏格拉底对政治义务与正义的思考。苏格拉底宁愿面对死亡，也不愿违背他对正义的信仰；即便法律可能不公，他仍然坚持维护法律的权威。这些对话引发读者思考，在面对不公正时，如何平衡个人的道德信仰与对国家的责任。

克里托劝苏格拉底逃亡

苏格拉底："克里托，你为什么在这个时辰来？还很早吧？"

克里托："确实很早。"

苏格拉底："现在几点了？"

克里托："黎明前，天还未亮[1]。"

苏格拉底："我很惊讶，看守竟然愿意让你进来。"

克里托："他已经认识我了，苏格拉底，因为我常来这里。而且，我也曾帮过他一些忙[2]。"

---

[1] 这是苏格拉底即将面对死刑的前夜，克里托在天还没亮的时候来到监狱，这反映了克里托内心的紧迫感和焦虑。

[2] 在古希腊的监狱中，亲友可以通过贿赂看守来获得更多探视时间。克里托作为苏格拉底的老朋友，显然常常通过这种方式拜访苏格拉底。

苏格拉底:“你是刚到的吗，还是已经来了有一段时间了?”

克里托:“已经来了一会儿了。”

苏格拉底:“那为什么你不马上叫醒我，而是坐在那里默默等着?”

克里托:“我不敢，苏格拉底。我也希望我自己不是如此痛苦地清醒着。我感叹你睡得如此安稳。我故意没有叫醒你，好让你尽可能愉快地度过这段时间。我们一生中，很多时候我都觉得你是幸福的，现在，在这种不幸的时刻，你却如此平静和轻松地承受这一切❶，我更加确定了我的想法。”

苏格拉底:“克里托，我这个年纪的人难道会因为现在要死去而苦恼吗?这样像话吗?❷”

克里托:“但其他与你同龄的人，苏格拉底，他

---

❶克里托感叹苏格拉底的平静，即使在面临死亡的情况下，苏格拉底仍能安然入睡。这与苏格拉底的哲学理念一致，他相信灵魂的永恒性，因此对死亡并不恐惧。

❷这里表明了苏格拉底的死亡观。苏格拉底认为年龄和哲学修养使他不再为死亡感到恐惧或苦恼。对于一个追求真理的人来说，死亡是灵魂离开身体，走向更高层次存在的时刻。

们也曾面临同样的不幸，可年龄并没有减轻他们对死亡的忧虑。”

苏格拉底：“确实如此。你这么早来，是有什么事吗？”

克里托：“我带来了令人痛苦的消息，苏格拉底。虽然这消息对你来说似乎无关紧要，但对我和所有你的朋友来说却是沉重的，尤其对我来说，最难承受。”

苏格拉底：“是什么消息？是从提洛岛来的船到了吗？那么船一到，我就要死了。❶”

克里托：“还没到，不过听一些从索尼昂❷下船的人说，今天它就到了。明天，苏格拉底，你的生命将会结束。”

苏格拉底：“好吧，克里托，这是最好的结果。

---

❶在古希腊，每年雅典都会向提洛岛派遣一艘船，以纪念阿波罗。按照法律，在这艘船返回之前，雅典不能执行任何死刑。因此，苏格拉底的死刑要等到船返回后才能执行。

❷索尼昂是雅典附近的一个海角，以阿波罗神庙闻名。这里提到的消息来源是指那些在海上航行的人，他们可能见到了从提洛岛回来的船只。

如果这符合神的意愿，那就让它发生吧。不过，我不认为今天船会到。”

克里托：“你是怎么推测的?”

苏格拉底：“我来告诉你。我会在船到的第二天死去，是这样吗?”

克里托：“是的，至少管理者是这么说的。”

苏格拉底：“那么，我认为船会明天到，而不是今天。我之所以这么推测，是因为我刚才做了一个梦，也许你没有叫醒我是对的。”

克里托：“是什么梦?”

苏格拉底：“我梦见一个女人，她美丽端庄，身穿白衣，走到我面前❶，对我说：‘苏格拉底，三天后，你将前往肥沃的弗提亚。’❷”

克里托：“这是一个奇怪的梦，苏格拉底。”

---

❶古希腊人相信梦具有预示未来的能力，尤其是在重要时刻。苏格拉底梦中的女人被描绘得美丽庄重，暗示她可能是神圣的信使，来传达有关苏格拉底命运的神谕。

❷弗提亚是古希腊神话中的一个地方，与英雄阿喀琉斯有关。梦中的预言暗示苏格拉底将在三天后死去，而弗提亚象征着他即将前往的死后世界。

苏格拉底："不过，克里托，我认为这是一个清晰的梦。"

克里托："是的，太清晰了。但求你了，苏格拉底，我亲爱的朋友，请听从我的劝告，拯救你自己吧。如果你死了，那我将承受多大的痛苦。除了失去像你这样的朋友——这样的友谊我再也找不到之外，那些不真正了解我们的人会认为是我们这些朋友不在乎你，因为他们以为只要我们愿意花钱就能救你。把钱看得比朋友更重要，没有什么比这更可耻了？人们不会相信你拒绝逃走，尽管我们是如此热切地想帮助你❶。"

苏格拉底："但是，克里托，我们为什么要在意别人怎么想呢？那些理性的、值得我们关注的人，会相信事情的真相❷。"

---

❶克里托的忧虑反映了古希腊社会中对友谊和名誉的重视。他害怕失去苏格拉底，同时担心别人误会他因为金钱而不愿救苏格拉底。古希腊人非常重视友谊，认为放弃朋友的行为极为可耻。

❷苏格拉底认为，重要的不是大众的看法，而是少数理性人的评价。这反映了他对理性思考和道德标准的追求，而非随波逐流地顺应公众意见。

克里托："苏格拉底，现在你应该明白，在这种情况下，真的有必要关注人们的看法。眼下发生的事情就证明了，他们能够带来的不是最小的恶，几乎是最大的恶，如果一个人被他们诽谤了的话[1]。"

苏格拉底："如果他们真的能施加最大的恶，那么他们也就能带来最大的善，那倒真是好事了。但事实是，他们既不能使一个人成为智者，也不能使他成为愚者。他们的行为完全是随意的[2]。"

克里托："好吧，就算如此。但请告诉我，苏格拉底，你是否担心我和其他朋友？你是否担心你一旦逃走，那些告密者会认为是我们在帮你，进而给我们带来麻烦，让我们丧失财产或支付大量的罚金，甚至遭受更多的惩罚？如果你担心这样的事，那就放心吧。为了救你，冒这样的风险是值得的，如果

---

[1] 克里托指出，舆论可以给人带来巨大伤害。在古希腊社会中，公众舆论常常对个人命运产生巨大影响，尤其在苏格拉底的审判中，公众的意见起到了推波助澜的作用。

[2] 苏格拉底相信大众的行为是不稳定的，无法带来真正的智慧或愚蠢。他认为大众并不能决定一个人的道德或智力状态，这一观点是他反对流俗舆论的重要基础。

需要，更大的风险也值得冒。求你了，让我说服你，照我说的做❶。”

苏格拉底：“当然，我担心这些事，克里托，还有很多其他的事。”

克里托：“那就不要担心了。事实上，有些人愿意接受一笔不多的钱来安排你逃跑，至于那些告密者，你也知道他们很容易被买通，用不了多少钱。我的钱随时供你使用，我想这笔钱足够了，如果你担心用我的钱不合适，你外地的朋友们也可以帮忙。比如西米亚斯，他从底比斯带来了足够的钱，就是为了此事；凯比斯和其他不少人也准备好了。所以我说，你不应该因为这个犹豫❷。你也不应该为法庭上所说的话感到困扰，比如说，如果你流亡，你不知道该如何生活。世界上有很多地方欢迎你，如果

---

❶克里托展现了强烈的愿望，想通过提供经济帮助和安排逃亡来拯救苏格拉底。在古希腊，富有的朋友常常通过金钱解决问题，尤其是在司法和政治系统中。

❷克里托提到的苏格拉底在底比斯的朋友西米亚斯和凯比斯都是哲学家，他们与苏格拉底关系密切。这显示了苏格拉底的哲学网络以及他在希腊各地的影响力。

你愿意去帖撒利，我在那里有朋友，他们会尊重你、保护你，不会让任何人给你带来困扰[1]。

“此外，苏格拉底，我认为你现在所做的事情是错误的。你可以获救，却选择了放弃自己。你的敌人想毁灭你，并且已经采取了行动，而你现在所做的事，是在帮助他们快速地毁灭你自己。而且，你是在背叛你的孩子们[2]。你在可以抚养和教育他们的情况下抛弃了他们；你死之后，他们只能听天由命，命运很可能和那些贫困孤儿一样悲惨。你不能这样做，一个人要么不要有孩子，要是有了孩子，就必须承担起抚养和教育他们的责任。你现在的选择是对他们极端的忽视。你应该像一个善良且勇敢的人那样做选择，尤其是你这种自称一生都关心美德的人。

---

[1] 帖撒利是古希腊的一个地区，以其强大的骑兵部队和相对独立的政治结构闻名。克里托提议苏格拉底去帖撒利避难，在那里他会受到保护。

[2] 克里托提到苏格拉底的儿子们，批评他在有能力抚养孩子的情况下却选择了放弃。古希腊社会非常重视家庭责任，尤其是父亲对儿子的抚养和教育。

“苏格拉底，我为你感到羞耻，也为你的朋友们感到羞耻，因为这件事会显得我们无比懦弱。案件本来不必提到法庭，而你在审判中的表现也不尽如人意。这件事最荒谬之处在于，人们会认为我们因为无能和懦弱错失了最后的机会。实际上，我们是可以救你的，或者说你可以救你自己，如果我们有一点能力的话。现在这一切对你和我们来说都是坏事，是令人羞耻的事。现在是最后的机会，苏格拉底。这个夜晚，一切必须完成，如果我们再等下去，就再也没有机会了。求求你，苏格拉底，听我的劝告，按我说的去做吧[1]。”

[1] 克里托强调这是苏格拉底最后的逃亡机会，如果错过了这个夜晚，一切就都无可挽回了。这种紧迫感反映了他对苏格拉底命运的深切担忧。

苏格拉底对克里托的回应

苏格拉底："亲爱的克里托，如果你的热情充满正义，那是很有价值的；但如果不是，那它越强烈，后果就越糟。因此，我们必须仔细考虑是否应该采取这个行动。我不是那种能轻易被人说服的人，除非某人的观点是经过深思熟虑的，且是最好的。我不能仅仅因为眼前的处境，就抛弃那些我以前接受的论点，它们对我来说仍然是有力的，我像以前一样尊重它们。如果我们找不到更好的论点，我肯定不会听从你的劝告。我敢保证，即使大众的力量比现在更强大，也不能用没收财产、囚禁或死亡的威胁来吓唬我们[1]。

[1] 苏格拉底在这里强调，他不会因为外界的压力或威胁而改变自己对正义和真理的追求。他的决心源于哲学信仰，而非对外界的恐惧。这一观点与他在《苏格拉底的申辩》中对待审判和死亡的态度一致，体现了他对道德和理性选择的坚持。

“现在，我们应该如何公正地考虑这个问题呢？或许我们应该首先讨论你提到的关于信念的论点。我们过去常说，有些信念值得重视，有些则不值得。这话错了吗？还是说之前我尚未面临死亡时是对的，而现在为了争论而说的就是无意义的废话？克里托，我想和你一起探讨这个问题。难道仅仅因为我现在身处险境，这些论点就发生了变化吗？我们应该抛弃它，或者让它说服我们。我记得我们过去常说，也曾认为这是有道理的——在人们所有的信念中，有些是重要的，有些则不是。克里托，在神的面前，难道我们过去说的这些都是错的吗？你明天不会死，当前的情境不会扭曲你的判断。我认为不应该重视每个人的信念，而是应该重视某些人的信念。你思考一下，这样说是合理的吗？❶”

克里托：“是的。”

苏格拉底：“那么，我们应该重视的是有用的信

---

❶这是苏格拉底的重要哲学观点之一。他认为并非所有的信念都值得重视，只有那些来自理性和智慧的信念才值得被接受。而那些来自无知或偏见的信念则应被忽视。这一观点在他的道德哲学中占据核心地位，强调了追求智慧和理性判断的重要性。

念，而不是有害或坏的信念，对吗？”

克里托：“对。”

苏格拉底：“有用的信念是来自智者的，而坏的信念则是来自愚者的，对吗？”

克里托：“当然。”

苏格拉底：“接下来我们讨论我们过去对这些事情的看法。假设一个人从事竞技运动，他是应该听取每个人的意见、称赞和责备，还是只听取他的医生或教练的意见？”

克里托：“他应该只听取医生或教练的意见。”

苏格拉底：“那么，他应该接受那位医生或教练的称赞，并惧怕他们的责备，而不是大众的看法，对吧？”

克里托：“当然如此。”

苏格拉底：“因此，他应该按照那位有知识、专业的监督者的建议进行训练和饮食，而不是听从其他任何人的建议，对吗？”

克里托：“正确。”

苏格拉底：“很好。那么，如果他不听从那位监督者的意见，轻视他的判断和称赞，而重视那些毫不专业的多数人的意见，他会遭遇什么呢?”

克里托:“当然会遭遇恶果。”

苏格拉底:“那是什么恶果呢？它将影响到什么?”

克里托:“显然是对身体造成影响，因为它会损害身体[1]。”

苏格拉底:“你说得对，克里托，这道理也应该适用于其他事情吧？我们不需要一一讨论。在判断正义与非正义、光荣与可耻、善与恶等行为问题时，我们应该惧怕和遵从大众的意见，还是应该遵从了解这些事情的人的意见——哪怕他只是一个人。这就是我们现在着重讨论的事，我们必须敬畏他，并听从他的意见，而不是其他所有人。因为如果我们不听从他的意见，我们将会损害并腐化某种东西。我们过去常说，这种东西会因正义变得更好，因非因

---

[1] 苏格拉底通过这个例子说明，如果一个人不听从医生或教练的建议，而听从没有专业知识的大众的意见，他的身体将受到损害。这个比喻用来支持他的论点，即应该重视来自智者的建议，而不是随波逐流。

正义而受损。难道不是这个道理吗？[1]”

克里托：“当然是这样，苏格拉底。”

苏格拉底：“好吧，那么，假设我们因为不听从那些专业人士的意见，而破坏了某些健康行为所带来的好处，这样我们将一直生活在它所带来的损害当中。你觉得值得吗？我说的是身体。”

克里托：“不值得。”

苏格拉底：“那么，因此而拖着一个糟糕、被损害的身体生活，值得吗？”

克里托：“当然不值得。”

苏格拉底：“那么，如果身体因为非正义的行为而受到损害，正义的行为却能使其变好，这样生活是否值得？或者我们认为，正义与非正义的行为所

---

[1] 苏格拉底在这一段中强调，不应该因为大众的看法而忽略正义的原则。虽然大众可能通过舆论或暴力手段对个人施加影响，但他认为，真正重要的是那些了解正义和非正义的人的意见，即拥有智慧的人的意见。苏格拉底一贯强调要以理性和智慧为依据，而不是盲从大众的意见。

影响的东西比身体更不重要？”[1]

克里托：“当然不是。”

苏格拉底：“更重要吗？”

克里托：“远比身体重要。”

苏格拉底：“既然如此，我们或许不该过多考虑大众对我们的看法，朋友。或许我们应该更多地思考那位了解正义与非正义的人的看法——他也许只是一个人，但他代表了真理。因此，你最初的主张——我们应该重视大众对正义、光荣与善良的看法是错误的。但是有人可能会说：‘大众可以杀死我们。’”

克里托：“是的，苏格拉底，很明显有人会这么说。”

苏格拉底：“然而，朋友，我们得出的结论似乎与之前的结论相同。再看看我们是否仍然认同这个观点——生命本身并不是最重要的，重要的是如何生

---

[1] 苏格拉底通过对比身体的健康与灵魂的健康，指出如果因为不正义的行为而损害灵魂，生活便不再有价值。这与他对道德和正义的追求一致，表明他认为灵魂的健康比身体的健康更重要。

活得好。[1]"

克里托:"是的，我认同。"

苏格拉底:"那么，'生活得好'就意味着光荣与正义，这个观点依然成立吗?"

克里托:"是的。"

苏格拉底:"基于这些论点，我们现在必须考虑，我是否应该在没有雅典人允许的情况下尝试逃离。如果证明这是对的，那么我们就行动；如果不是，我们就必须打消这个念头。而至于你提到的其他问题——关于失去金钱、抚养孩子以及人们的看法——克里托，这些真的是那些轻易将人杀死，又随意给人免罪的大众所关心的话题吗？我们不应该考虑其他事情，而是要考虑通过付给那些能放我出来的人钱来安排我的逃亡是否是正义的。如果这是非正义的，那么或许我们不该考虑死亡或其他事情，唯有避免做不义之事。"

---

[1] 苏格拉底提出，生命的质量并不在于生命的长度，而在于是否正义、光荣地生活。他宁愿牺牲生命，也不愿违背正义的原则。这一观点与他对待死亡的态度一致，表明他愿意为道德与正义牺牲生命。

克里托:“你说得对，苏格拉底。我们该做什么，你决定吧。”

苏格拉底:“我们一起来探讨这个问题吧，朋友。如果你能反驳我将要说的话，那我会被你说服的。如果不能，那就请你，我亲爱的朋友，不要再一遍一遍地提起我该如何在没有雅典人允许的情况下逃跑了。因为我认为，重要的是我和你的意见一致，而不是违背你的意愿去行动。所以，请从这个探讨的起点开始，看看它是否令人满意，并按照你认为合适的方式回答我的问题。”

克里托:“我一定会尽力的。”

苏格拉底对克里托的两个前提讨论

苏格拉底:“我们以前是否认为，人不会自愿做不义之事，换句话说，人只会在某些情况下做不义之事，对吧？不义之事在任何情况下对人们都无荣誉或好处，正如我们以前多次认同的那样，还是我们在这几天里抛弃了这些以前的共识？克里托，到了我们现在这个年纪，经过多次严肃讨论，你还没发现吗，我们其实跟孩子没有什么区别。不管大众是否认同，无论我们采用怎样的说法，轻松的也好，难以接受的也罢，在任何情况下做不义之事对行为者来说都是可耻且有害的。我们是否认同这一点?”

克里托:“我认同。”

苏格拉底:“那么人绝不能做不义之事。”

克里托:“当然不能。”

苏格拉底："既然人不能做不义之事，那也不能像多数人认为的那样，以恶制恶，因为人不能做不义之事。"

克里托："这显然是对的。"

苏格拉底："那么，伤害他人也是不正当的，对吗，克里托？"

克里托："当然是这样，苏格拉底。"

苏格拉底："那么，以伤害回报伤害，像大众所说的那样，是正当的吗？"

克里托："绝对不正当。"

苏格拉底："是的，因为做恶和做不义之事并没有本质区别。[1]"

克里托："这是真的。"

苏格拉底："那么，一个人不能以伤害回报伤害，

---

[1] 苏格拉底在这里提出了一个根本性的伦理问题，即无论在任何情况下，都不能做不义之事，哪怕是为了报复。这个观点挑战了大众常见的以眼还眼的报复心理，同时，强调了正义的普遍性和绝对性。

也不能以不义对抗不义，无论他遭受了什么[1]。注意这一点，克里托。不要违背你真实的意见，我知道很少有人会认为或曾认为这一点是正确的。那些接受这一观点和那些不接受这一观点的人无法共存，当他们审视彼此的意见时，必然会彼此鄙视。所以，认真考虑你的观点是否与我的一致，认为在任何情况下做不义之事或以不义还不义、以恶制恶都是不正当的。长期以来，我都认为这一观点是正确的，现在仍然这么认为。如果你持不同意见，请发表自己的看法。但如果你坚持我们以前的观点，那就听我接下来说的内容吧。”

克里托：“我坚持我们以前的观点，请继续。”

苏格拉底：“接下来说另一个观点，或者可以说我是问你一个问题：如果一个人与别人约定做一些事情并且这些事情是正义的，那么他应该履行承诺，

---

[1] 这里讨论的是以不正义的行为来回报他人对自己的不正义。这里的观点与苏格拉底一贯的哲学主张一致，即人不能因为别人对自己有不正义的行为，就以同样的不正义行为来报复。这种理念超越了简单的个人恩怨，体现了更高层次的伦理追求。

还是违反约定？❶”

克里托：“他应该履行承诺。”

苏格拉底：“那么，如果我在没有说服城邦的情况下选择逃走，我是否是在伤害某些人？我是不是没有遵守那些公正的约定？”

克里托：“苏格拉底，你问的问题我无法回答，因为我不太理解。”

❶苏格拉底强调，如果一个人承诺了做正义的事情，那么无论外界的压力如何，他都应该遵守这些承诺。而违反承诺的行为不仅仅是对个体的伤害，更是对正义原则的背叛。

苏格拉底与雅典法律的对话

苏格拉底："我们从这个角度来看吧。假设我打算从这里逃走，无论别人怎么看待这件事。如果法律和城邦站在我面前，问我：'告诉我们，苏格拉底，你打算做什么？你这样做，是否意味着要摧毁我们？你想摧毁法律和整个城邦吗，或者你认为城邦可以继续存在？在法庭判决没有效力，可能被公民个人推翻或取消的时候。克里托，我们如何回答这个问题，或者类似的问题呢？❶ 尤其是那些演说家，他们肯定认为应该坚决履行法律的判决，我们该如何回

---

❶苏格拉底在这一段中通过与法律进行对话，强调城邦法律是维持社会秩序和正义的根基。通过这种对话，他探讨了公民与法律之间的义务关系，质问如果一个公民选择逃避法律制裁，他是否在摧毁整个法律体系。这种拟人化手法能帮助读者更好地理解苏格拉底对法律的忠诚以及他所坚守的原则。

答？难道我们要说，城邦对我们不公，判决不公正？这是我们要说的吗？”

克里托：“当然可以这样回答，苏格拉底。”

苏格拉底：“那么，如果法律回应说：‘苏格拉底，我们的协议是你要遵守城邦所做出的判决，不是吗？’❶ 如果我对此感到惊讶，他们可能会继续说：‘苏格拉底，你没有理由感到惊讶。回答这个问题，尤其是你习惯于通过问答来讨论问题。说吧，你对我们和城邦有什么指控，以致你要试图摧毁我们？是我们赋予你生命。你的父亲是通过我们娶了你的母亲，并生下了你。那么告诉我们吧，你觉得我们的婚姻法和教育法有什么不当之处吗？❷’我会说：‘没有不当。’

---

❶苏格拉底在此处探讨了公民与国家之间的契约关系。法律赋予了公民生命、抚养、教育等基本保障，公民在享受这些权利的同时也有义务遵守法律。这种契约关系强调了责任与权利的对等性，破坏法律就是破坏这个契约。

❷苏格拉底通过回顾他自己的成长，指出法律不仅规定了婚姻制度，还规定了孩子的抚养和教育问题。这些法律确保了公民的基本成长条件，因而不可轻易违背。苏格拉底通过自己的经历阐明，他在受到城邦的恩惠，因此有责任遵守这些法律。

“‘那么，你对关于子女出生后的抚养和教育的法律，就是你已经接受过的抚养和教育，有什么看法吗？我们要求你的父亲让你学习音乐和体育，是否规定不当？’我会说：‘完全正确。’

“很好。那么，我们给予了你生命，抚养了你，教育了你，你难道不认为你是我们的后代和奴仆吗？包括你和你的祖辈们。如果这是正确的，你认为你和我们之间的正义是平等的吗——你有权做出对我们同样的回应，就像我们可能对你做出的那样吗？❶在你父亲面前，或在你的主人面前，你有权反击吗？被打击时呢？被辱骂时呢？这样的权利在你和你的祖国以及它的法律之间也存在吗？❷如果我们认为正义的事情是摧毁你，你是否会认为你有权摧毁我

---

❶在古希腊，父亲和主人对儿子和奴隶拥有绝对的权威，公民不可以反抗。苏格拉底在这里将这种权威的概念扩展到公民与国家之间，认为公民不应认为自己和国家是平等的，因为国家是他的生命、教育和保护的来源。这强调了公民必须服从国家法律的逻辑。

❷苏格拉底通过与法律的对话，不仅强调了个人与法律的关系，还象征性地说明了法律是国家的代表，服从法律等同于服从国家。苏格拉底在这里展示了他对法律与正义的绝对服从，表明逃亡不仅是对法律的背叛，也是对国家的背叛。

们——你的国家和它的法律？[1] 如果你这样做，最受伤害的难道不是你自己吗？你，作为雅典人，比其他任何雅典人都更应该对我们负责任。"

"如果我问：'为什么这样？'他们完全有理由责备我：'苏格拉底，事实摆在眼前，我们和城邦都使你感到满意。否则，你不会比其他雅典人更久地留在这里，除非你对我们和这个城邦比其他人更满意。你从未像其他人一样离开家去参加节庆活动，除了参加过一次伊斯米亚运动会。你从未像其他人一样离开这里去其他城市，也没有了解其他城市及其法律的意图。你因为对我们和这座城邦的热爱而选择了我们，甚至在这里组建了家庭。如果你愿意，在你的审判中，你可以提议判你流放作为惩罚，并在城邦知情且许可的情况下做你现在试图违背它意愿的事情。那时，你佯装不在意死亡。你说你宁愿选择死亡也不愿流放。但现在你并不为这些话感到羞

---

[1] 苏格拉底批评了以恶制恶的观念，即不能因为国家或法律的判决不公正就选择背弃它们。这里他引发了关于正义是否是绝对的讨论，强调即使在不公平的情况下，也不能为了回报不公而采取不义的行动。

耻，也不对我们——法律有任何关注。你试图像最卑贱的奴隶那样逃跑，违背你与我们达成的协议，生活在城邦的法律以外。首先，请回答我们这个问题：不管在言语上还是在行动上，你都愿按照法律行事，做一个合格的公民吗？’克里托，我该如何回答？我难道不该同意吗？”

克里托：“必须同意，苏格拉底。”

苏格拉底：“那么，法律可能会继续问，‘你不是在违背与我们的协议吗？❶你并不是在被压迫下签署的协议，也没有被误导或欺骗，也没有在太短的时间内被迫做出决定。你有整整七十年的时间，在这段时间里，如果我们令你不满意，或者如果你认为协议不公平，你是可以离开雅典的。现在你既没有选择斯巴达，也没有选择克里特❷，尽管你常常说这

❶法律质问苏格拉底是否愿意违反他与雅典法律之间的协议，强调公民与法律之间的默契，即公民同意生活在法律的框架下并遵守它们。苏格拉底选择留在雅典，并享受这座城邦提供的权利与保护，这隐含着他默认接受法律的正当性。

❷斯巴达和克里特是古希腊著名的城邦，常常因严苛的法律和军国主义传统而受到称赞。苏格拉底没有选择离开雅典去这些地方，进一步表明他对雅典的满意。

些地方的治理是优秀的，甚至没有选择其他任何希腊城市或蛮族城市。恰恰相反，你比那些跛子、盲人，甚至其他残疾人旅行的次数还少。显然，这座城邦比所有其他雅典城邦更让你满意。这样说来，我们法律也令你满意，因为没有法律的城邦怎能令任何人满意呢？你现在就要违背你的协议了吗？如果你听从我们，苏格拉底，你不会违背它的。你不会逃离这里而让自己成为笑柄的。'

“再考虑一下，如果你违反或冒犯了法律，你将给你或你的朋友带来什么好处。很明显，你的朋友们将面临被起诉、失去公民权、被没收财产等风险。❶但你首先要考虑你自己。如果你去了任何距离雅典最近的城市，比如底比斯或墨伽拉，都是治理良好的地方，你将成为这些城市政府的敌人。那些关心自己城邦的人会怀疑你，将你视为法律的破坏者。❷

---

❶苏格拉底逃跑的计划不仅会给他自己带来麻烦，还会连累他的朋友。雅典的法律明确规定，帮助逃犯的行为会受到惩罚，朋友们将面临失去公民权和财产的风险。

❷如果苏格拉底逃亡，他将被视为破坏法律的人，并且这种行为将被解释为对年轻人和无知者的错误引导，这与他过去关于正义与美德的教育观念相矛盾。

“此外，你会证实法官的判断是正确的，他们会认为自己判决得当，因为法律的破坏者无疑也会被视为对年轻人和无知者的错误引导者。那么，你是要避开那些治理良好的城市和那些受人尊敬的人，还是会和他们交往，并且毫不羞耻地继续讨论？你会讨论什么，苏格拉底？难道是你过去在这里所提出的那些关于美德与正义对人类来说是至高无上的论点，以及习俗和法律的重要性？难道你不认为这很难堪吗？”❶

“那么，你会避开这些地方，去和帖撒利与克里托的朋友们一起生活吗？帖撒利，那是一个充分自由、放纵无序的地方，你那里的朋友肯定乐于听你讲述你如何从监狱中逃脱的荒唐故事。你会装扮成什么样子，穿上农夫的皮衣，像个逃跑的奴隶，改变你的外貌吗？你已是个年迈的老人，生命所剩无几，然而你却贪婪地抓住生命不放，甚至不惜违背

❶苏格拉底曾经的辩论主题——美德、正义和法律——与他逃跑的计划相冲突。如果他选择了逃跑，这将使他以前的言论显得虚伪，尤其是他一向倡导服从正义和遵守法律的言论。

最高的法律——难道没有人会这么说吗？也许不会，如果你不冒犯他们。但如果你得罪了人，苏格拉底，你将听到许多轻蔑的话语。你会像个奴隶一样生活，讨好每一个你遇到的人吗？当你到达帖撒利后，你除了吃喝还能做什么？你是否因为贪恋美食而自我放逐？至于你过去所提出的关于正义和美德的论点——那时它们对我们又有何意义呢？

“你还说你想为了你的孩子们活下去，好抚养和教育他们。这是真的吗？你会把他们带到帖撒利，在那里抚养他们，让他们成为外国人，以便他们也能享受这种‘优势’？如果你不这么做，他们是否会因为你活着却不和他们在一起而受到更好的照顾？你相信你的朋友们会照顾他们。如果你去了帖撒利，他们会照顾他们；但如果你去了冥界[1]，他们就不会照顾他们了吗？如果那些自称是你朋友的人真的有价值，你不可能相信这种说法。

“苏格拉底，请听从我们的劝告，因为是我们

[1]在古希腊神话中，冥界是亡者的归宿，苏格拉底认为他在冥界也要为自己的行为负责，尤其是对法律的遵守。

养育了你。不要把生命、孩子或其他任何事物置于正义之上。这样，当你到达冥界时，你可以当着那里的统治者的面为自己辩护。你在这里所做的这些事情，不会使你或你周围的任何人看起来更加高尚、正直或圣洁。当你抵达那里时，它们也不会对你有任何好处。如果你就此离去，你将成为人类不公正行为的受害者，而非我们——法律。但如果你逃跑，以这种可耻的方式——以不公正回报不公正，以伤害回报伤害，违背你与我们的契约和协议，并对你最不应该伤害的人——你自己、你的朋友、你的国家及其法律——作恶，那么你生前将面对我们的愤怒；死了以后，我们在冥界的兄弟——法律，也不会友好地接待你，因为他们知道你曾试图摧毁我们。不要听从克里托的建议，听从我们的劝告吧。”

苏格拉底：“克里托，我亲爱的、忠实的朋友，这些话就像科律班特斯❶ 听到笛声一样回响在我耳

---

❶在古希腊神话中，科律班特斯是献祭狂欢仪式的参与者，他们通过舞蹈和音乐进入一种狂热的状态。苏格拉底将自己比作科律班特斯，暗示他对法律的忠诚让他无法接受其他建议。

边，它们让我无法听到其他任何声音。请相信我，如果你反对我现在所认为的真理，你对我说的话将不会起任何作用。然而，如果你认为自己还能做到什么，那就请说吧。”

克里托：“苏格拉底，我无话可说。”

苏格拉底：“很好，克里托。那么让我们放弃逃跑的想法吧，因为神已经指引了我们。”